这样爱，就对了
心理咨询师的恋爱必修课

◎ 朱志慧 著

关于爱，我们还欠自己一个学分。
志慧老师这门特殊的恋爱必修课，
让一切美好都来得及……

首都经济贸易大学出版社
Capital University of Economics and Business Press
·北京·

图书在版编目（CIP）数据

这样爱，就对了：心理咨询师的恋爱必修课/朱志慧著.
——北京：首都经济贸易大学出版社，2018.9
ISBN 978-7-5638-2771-8

Ⅰ.①这… Ⅱ.①朱… Ⅲ.①恋爱—通俗读物
Ⅳ.①C913.1-49

中国版本图书馆 CIP 数据核字（2018）第 022838 号

这样爱，就对了：心理咨询师的恋爱必修课
朱志慧　著
ZHEYANGAI JIUDUILE XINLIZIXUNSHI DE LIANAI BIXIUKE

责任编辑	王玉荣
封面设计	顾慧敏
出版发行	首都经济贸易大学出版社
地　　址	北京市朝阳区红庙（邮编100026）
电　　话	（010）65976483　65065761　65071505（传真）
网　　址	http://www.sjmcb.com
E-mail	publish@cueb.edu.cn
经　　销	全国新华书店
照　　排	北京砚祥志远激光照排技术有限公司
印　　刷	北京玺诚印务有限公司
开　　本	710毫米×1000毫米　1/16
字　　数	303千字
印　　张	17.25
版　　次	2018年9月第1版　2018年9月第1次印刷
书　　号	ISBN 978-7-5638-2771-8/C·144
定　　价	49.00元

图书印装若有质量问题，本社负责调换
版权所有　侵权必究

前　言

对于爱情和婚姻，我一直很有兴趣。

在我5岁的时候，我就在一张白纸上写下了"我爱你"三个大字，然后，附带着我当时能找到的、自认为最美丽珍贵的一枚彩色发卡，想把它送给我家对门，那个和我同岁的小男孩。

激发我做这件事的原因，不是因为我和他有多深厚的感情，实际上，那时候我俩也没说过几句话，更没在一起玩过几场游戏。

我想做这件事，是因为他家要搬走了，我想这辈子可能再也见不到他了。在我当时懵懵懂懂的心灵里，可能是受了一些电影的影响吧，我觉得，在这样的时候，似乎得做些什么事才是符合"剧情"的。

这个告白和礼物最后当然是没能送出去。

他离开的那天，来来往往送行和搬东西的人实在太多了，我没找到和他单独说话的机会，而他，或他的家长，显然也不认为我俩有单独告别的必要。

随后这个礼物就被我珍藏起来，可惜因为藏得太隐秘，后来，我想找它却再也没找到。直到两三年后有一天，我妈妈对整个屋子进行大扫除时，意外发现了它。

我妈妈很警惕，立刻召集了家庭会议，她以为是我哪个姐姐发生了"早恋"，她要保护自己的女儿，可是，她没想到，这是我干的！甚至在我站出来承认，这就是我做的事时，她都不肯相信。因为在她看来，我那时的年纪对于谈情说爱这件事来说，实在是太小了。

这种仿佛天生的、对于爱情和婚姻的兴趣，我保持到了今天。

然而，促使我这种兴趣保持下来的原因，并不是我在爱情和婚姻上的无师自通和顺利，恰恰相反，是我在这条道路上曾遇到的困惑和挫折。

比如，在初中的时候，我询问我父亲："班上有一个男生总是和我说话，上课的时候也一直喋喋不休，我该怎么办？""他请我去看电影，我是该接受还是不接受？""我好像也挺喜欢和他说话，你怎么看这件事？我该怎么办？"

我父亲没有给我任何答案，他听完后一言不发地离开了。

我也曾就这方面的问题询问过我的姑姑，她那个时候已经从北京大学硕士毕业了，我很仰慕她，认为她很权威，我问她："男生和女生之间互相通信，可以写些什么？这意味着什么？"

我姑姑的回答语焉不详，大概的意思似乎是"保持正常的同学友谊"就好。

这个答案对于我来说，相当于什么都没说。

在懵懂中，我上了大学。

有人追求我，我不知道那就是"追求"。然后稀里糊涂地就成了人家的女朋友，然后，我和对方在各种矛盾与冲突中相处着。

那时候，我甚至不懂得有一个词叫做"分手"！

没有什么实际的东西约束着我，我和他并没有发生身体上的亲密关系，也没有经济上的纠葛，我只是一心一意地履行着我认为的道德上的契约，那就是"一辈子只遇到一个人，然后，一直和他在一起"。

可这段关系实在让我太痛苦了！

我上大学的那个年代，中国还没有心理咨询师这个行业，学校里也没有心理辅导老师，市面上也没有相关的书籍可以参考，而我的家人也如前所述，无法为我提供指导，于是我待在图书馆里，在各种书籍里试图寻找出解决的办法。

在我对"如何才能让爱情与婚姻幸福"这个问题的探索与追寻中，不知不觉，一眨眼就过去了十几年。我成为一名大学老师，接着又成为一名心理咨询师，然后，在我的工作中，我惊讶地发现，十几年过去了，当年让我感到困惑的问题，现在依然让与我当时同样大的年轻人困惑。

这些年轻人问我：

"我不喜欢他/她，我该怎么拒绝？"

"我喜欢他/她，我该不该去追求？"

"他/她俩都喜欢我，我该选谁？"

"为什么我对他/她那么好，他/她就是不动心？"

"他/她到底是爱我还是不爱我？我接下来该怎么办？"

"我俩到底怎样才能好好相处？"

"什么样的人是适合我的？"

"失恋了，忘不了他/她，我该怎么办？"

"我和他在一起很痛苦，可是不知道为什么，我又分不了手，我该怎么办？"

"分手或被拒绝后还适合做朋友吗？"

"他有女朋友了，我喜欢他，我要不要去追求？"

"为什么大学四年我都没有找到对象呢？"

"当遇不到相互喜欢的人结婚的时候，一个自己喜欢的人和一个喜欢自己的人哪个更适合作为结婚对象呢？"

……

听到他们这样问,我深深地感到,在"情感教育"的道路上我们依旧任重道远。而且我还发现,向我提出这些问题的年轻人里,大学专业是"心理学"的人不在少数。

我想,如果专门学心理学的年轻人都对爱情和婚姻的问题如此困惑,那么,其他的年轻人,面对这些问题的时候,他们可能会更加迷茫吧?

对于爱情和婚姻,我们从来就不是生而知之的;就像天生不会说话、走路那样,我们需要通过学习来掌握一些有关婚姻和恋爱的知识。如果在这方面,你不能从长辈那里得到指点,也不能从课堂上有所收获,那么我希望这本书能够帮助到你。

在这本书里,我从"谈恋爱是要干什么""找谁来谈恋爱""如何才能谈好恋爱"写起,一直写到"如何处理分手",乃至寻找"理想的爱情"。

为了帮助大家理解,在书里我举了很多例子,在此需要特别声明的是,根据心理咨询师工作的保密原则,书中的这些例子是综合了多个案例而为本书特别创作的,有关人名都不是真实姓名。此外,就像不同专家,对《红楼梦》的理解各有千秋一样,本书中所有的观点,也只是我个人的观点,仅供大家参考。

爱情和婚姻,从来不是一件不费功夫、轻轻松松就能享受其甜美的事,如果年轻的你,能够因为我在这本书里的分享解决一些困惑,那么,我会感到非常开心。最后,祝大家都能获得自己理想的爱情!

北京
2017 年 12 月

目　录

第一章　回到从头　/ 1

第二章　女生比男生优秀可以吗　/ 9

第三章　"姐弟恋"会有好结果吗　/ 18

第四章　性　/ 36

第五章　只有"白富美",才能得到爱情吗　/ 60

第六章　能不能不吵架　/ 71

第七章　适合做一生伴侣的人　/ 96

第八章　分手注意事项　/ 105

第九章　复合与离别　/ 116

第十章　第三者能幸福吗　/ 127

第十一章　再出发　／ 141

第十二章　实践出爱情　／ 151

第十三章　为谁而爱　／ 166

第十四章　男神到我碗里来——女追男　／ 173

第十五章　男神到我碗里来——怎样让他爱上我　／ 187

第十六章　什么叫做"负责任"　／ 217

第十七章　婚恋心态　／ 235

第十八章　理想的婚姻　／ 253

第一章

回到从头

琳琳坐在我面前哭，边哭边说："和他在一起，他什么都不能给我。我已经不指望他了，我靠自己努力来满足自己的需要，这总行了吧？可为什么，他还要劈腿？"

琳琳是在说她的男朋友杨平。琳琳和杨平是大学同学，从琳琳20岁一直到28岁，两人已经相处了8年，在校2年，毕业后6年。

琳琳是一个很上进的女孩子。从中学起，认识她的人就大多用"聪明""出色""可爱"来形容她。大学里，琳琳积极参加各项活动，是校广播站播音员，征文常常得奖，还是校学生会干部；她的专业课成绩也很好，每学期都拿奖学金，有时是二等奖，有时是三等奖。

琳琳的男朋友杨平比琳琳小两岁。认识杨平的时候，琳琳已经上到大学三年级下半学期了，当时杨平是大一。那时临近毕业，琳琳需要把手里学生会的工作移交出去，杨平平时表现得积极活跃，是琳琳考虑的交接对象之一。因学生会工作的关系，两个人很自然地就开始了交往。

两人这一交往就是8年。这8年里，琳琳逐渐发现，杨平各方面都不如她。

杨平专业课成绩不如她，语言表达能力也差，每天一有时间，不是花在电脑游戏上，就是花在足球场上。就连一开始他对学生工作的热情，在交往不久之后也消退了。在组织工作中，他错漏百出，多次影响了活动的进行。

大学毕业后，琳琳进入一家世界 500 强外企工作，工作 3 年后跳槽到一家美国公司，半年就升职了，带领十几人的团队负责过多个全球项目。同事们也都认为她工作能力强、口才好、学习能力一流。即使是以前没学过的东西，完全跨专业的内容，只要需要，她也能靠自学在短时间内掌握。

可杨平毕业后却对工作挑肥拣瘦，收入少的不想去，收入高的干不了，三四年来一直晃晃荡荡，靠他家里和琳琳接济；在日常生活中，杨平对琳琳也并不怎么体贴照顾。

琳琳表达过对杨平的不满，也说过"我不指望花你的钱，但你能不能先自立起来？"这样的话，但杨平总是无动于衷。

随着年龄增大，琳琳也想过和杨平结婚的事，但一想到未来的日子就觉得无比沉重；再加上杨平也并没有求婚，所以，两个人一直还是男女朋友的关系。

琳琳也考虑过分手，但一直下不了决心，因为她在感情上一直有一种"认识一个人就是一辈子"的想法；而且，她也认为，再开始一段恋爱，实在太耗费精力了。并且，她也常想：是不是换一个人也会是这样？

就在琳琳犹豫之时，两周前，她发现杨平劈腿了——他在网上和人"约炮"了。

当琳琳质问他这件事的时候，杨平一副无所谓的态度，说："我也说不出是为什么，你看着办吧。"

琳琳又生气又伤心，跑来找我哭诉。

我问琳琳："什么原因让你来找我？而不是去找杨平问个究竟？"

琳琳流泪道："和他谈是没有用的，只会让我更憋闷。他就是那种人！想干什么就干什么，根本不会为别人考虑。而且他的头脑好像混沌一片似的，每次我试图和他交流，事后都会更后悔。他根本听不懂我说的话。"

我点点头："那么，琳琳，照你所说，杨平学业和工作都不出色，对你也不体贴，你俩也没有共同语言，那么，你一开始的时候，究竟是为什么会选择和他在一起呢？"

琳琳听到这个问题，愣了一下，陷入了思索……

一

在我的咨询经历中，常常遇到像琳琳这样的来访者，他们或者是在恋爱中满是迷惑、备受伤痛，或者是进入婚姻后却发现生活不是自己想要的样子，不知何去何从。

每当这时，我常常会询问他们当初恋爱和婚姻的动机："最初是什么原因让你和这个人在一起？"或者"你和他/她在一起是为了什么？"

通常，这些在婚恋方面出现问题的来访者们，这时的反应都是张口结舌，给不出清晰明确的答案。

中国有句老话，"凡事预则立，不预则废"。这句话的意思是说，"不论做什么事，事先做好计划和准备，就容易成功；而不做计划和准备，就容易失败"。

我认为，在婚姻和恋爱中，也是一样的情况。

在一个人准备与另一个人开始建立关系、发展感情之前，有一些问题是需要提前想清楚的，比如：你和对方想建立的是怎样一种关系？是合作建设型关系还是各取所需型关系？是长期关系还是短期关系？等。这些问题不想清楚，以后的恋爱和婚姻就很难不出问题。

而在这些重要的问题里,最需要想清楚的一个是下面这个:"什么原因让你选择和这个人而不是其他别的人建立关系?"

很多人在建立一份关系之前,通常是懵懵懂懂的。他或她,和别人建立关系,也许是出于习惯,因为身边只有这一个人和自己长期来往;也许是出于好胜心,因为别人都说自己追不上某某某;也许什么都不为,只是到了岁数了,大家都在谈朋友,于是,如果条件差不多,碰上谁就是谁了吧。

在这样的原因下建立的关系,或许能维持一时,但一旦遇到真正需要两个人面对、互相支持、协商解决生活事件的时候,是非常容易出问题的。我会把这类目标不清晰的恋爱或婚姻关系称作"丛林冒险"。

进入这种冒险境地的人,对自己要去哪儿不知道,对什么地方会出现什么样的"怪兽"和"危险"不知道。"怪兽"出现后,他们既无物质装备又无心理准备,整段关系就相当于一场"送人头"的冒险游戏。

真正的游戏,失败后可以再来,损耗的是可以算得出来的时间和金钱;而真正的生活,失败后损耗的不仅是时间和金钱,更是无法平复的那颗伤痛的心。

因此,如果你不想浪费自己的时间、精力和感情的话,我认为,在你要和某人确定关系之前,需要先想清楚刚才提到的那个问题:"是什么原因让你选择和这个人而不是别的人建立关系?"

二

在明晰你为什么会选择某个人之前,我们先来一起了解一下这个问题:"人们为什么要和他人建立关系?"

大多数普通人和他人建立关系是为了生存,或者是为了需要。恋爱和婚姻关系，属于诸多人际关系中的一种，也是为了满足人们的需要。那么，人们有哪些需要呢？

美国心理学家亚伯拉罕·马斯洛提出，人的需要有五个层次，它们从低到高像阶梯一样排列。这五种需要分别是：生理需要、安全需要、社交需要、尊重需要和自我实现需要。我们简单来看一下这五个层次需要的具体含义。

第一层次：生理需要，包括对空气、食物、水、睡眠，以及为保持生命存在的基本的物质需求。人饿了就得吃东西，总不给吃的就会饿死；人困了就得睡觉，总不让睡，人就会发疯、会死亡。所以，生理需求是人最基本的需求，必须被满足。

第二层次：安全需要，包括人身安全，健康保障，财产、家庭等方面的保障需要。人们希望，吃饱喝足了之后能有个地方供自己放松、休息，不要被打扰，更不要被莫名其妙地袭击；不会突然失业找不到工作；银行里的存款不会突然消失。这是一种希望能安定生活的需要。

第三层次：社交需要，又被称作情感和归属的需要。我们有时候会看到，一大帮小朋友在一起玩，偏偏就孤立其中一个。这个被孤立的小朋友就会感到很痛苦，要么会和大家打起来，要么就哇哇哭着回家了。

成人在内心里也和小朋友一样有同样的需求，需要进行社交，需要和人产生联系。

电视剧《康熙大帝》里有一个情节，说的是康熙想起用姚启圣收复台湾，但姚启圣性情高傲，一开始没有听话，结果康熙就让手底下的人随便找了个由头把姚启圣关进大牢，每日好吃好喝供应，却不允许任何人跟他说一句话，也不许他碰半片写着字的纸，足足憋了他三个月，结果能熬得住穷苦饥寒的姚启圣，最后精神恍惚都快疯了。

姚启圣这个情节就反映了人们对社交的需要。社交的内容，不仅仅包括友谊，也包括亲情、爱情，是人类个体之间希望得到相互关心和照顾的需要。

第四层次：尊重需要。在生理需要、安全需要、社交需要都得到满足后，人们还会产生一种需要，那就是对尊重的需要，也就是希望自己的能力和成就得到社会的承认。比如，小孩子们，从小就喜欢赢，玩游戏要争第一，喜欢看谁比谁跑得快、谁比谁力气大；长大后又在各方面进行各种比较，这反映出人内心深处的某种尊重需要。

第五层次：自我实现需要。自我实现的需要是指人对实现个人理想、抱负，使个人的能力达最大程度发挥的需要。

马斯洛认为，人只有满足了其低层次的需要后，才有可能体会到并有可能去追求更高一层次的需要。他的想法和我们中国人的认识有相同之处。

我们中国人也说："仓廪实而知礼节，衣食足而知荣辱。"也就是说，一个人只有将自己的生理、物质需要都很好地满足了之后，这个人才能够顾及自身的情感或精神需求。

一般而言，每个人都只能在对自己意识到的、最迫切需要满足的方面进行需要对象的选择，没有人能脱离自己现有的需要阶段。

举个例子来说吧：如果一个人现在饿得要死了，那么，即使外面是枪林弹雨，他也会冒险寻找机会去外面寻找食物。而一旦他的饥饿得到缓解，不至于到要死的地步，那么，他就不会再到枪林弹雨中去冒险觅食。这就是"基本生理需求"大于"安全保障需求"的例子。

因此，如果想要一段关系和谐、持久，那么，最好关系双方的需要大致能在相同层次上，这样双方可以有一致的追求目标。比如：双方都渴望满足物质欲望，那么两个人可以一起去为物质奋斗；双方都注重情感交流，那么平时就多谈谈心；若双方都追求自我实现，那么在自我实现方面就多互相交流、彼此支持。这样双方的关系才容易达到和谐。

那么，琳琳从前和杨平的关系是不是符合这样的原则呢？

三

琳琳回忆了自己当初和杨平建立恋爱关系的原因后，苦笑着对我说："朱老师，我当初和杨平建立恋爱关系的时候，什么都不懂，只是因为他追求我。"

"还有就是，都快大学毕业了，我还从来都没谈过恋爱，所以我也想给校园生活留些记忆，就犹犹豫豫地开始了和杨平的交往。"

"当时他也在学生会工作，我就默认他和我是一样的人，看起来也挺有上进心的，并没有想到什么物质条件以及他能不能照顾人之类的问题。相处起来之后，我对这些也不在意。但是，我渐渐发现，他根本就不上进，他那个班干部，完全是因为他家里人和学校有关系，学校照顾他让他当的。他自己并不怎么珍惜和重视那个身份，做事也很不负责任。"

"现在看起来，我和他的需求并不在一个层次上。好好回想一下，他说过他人生的期望就是在家里的照应下，找个清闲稳定、收入丰厚的工作，然后过日子。我那个时候对他这些话没在意，可以说，我是根本不了解他就和他建立了恋爱关系。"

"我是在和一个我以为对的人谈恋爱，可他其实根本不是我想象的那样的人，难怪后来我俩会有那么多冲突。"

我问琳琳："那现在你知道自己在爱情中的需求是什么了吗？"

琳琳想了想，说道："我想找一个能理解我、认可我的人，人生的价值观和我相似。我从小受的家庭教育让我认为，人生在世，是要为社会做贡献的。所以，我需要找一个和我观念一致的同伴。我想，我要满足的是马斯洛说的第三层次的需求吧。"

"我相信通过自己的努力，可以获得足够我生存的物质财富；而且，对于钱，我是这样一个态度——只要够花就行。太多的钱并不能让我感到喜悦；帮助别人，才能让我感到心满意足。"

"我要找一个和我一样认可这种观念，同时愿意脚踏实地做事、能用行为实践这种观念的人，而不是像杨平那样，貌似同意这个信念，但做起事来只以自己为中心，并不在乎他人感受，而且一遇到困难就推卸责任、向后退缩的人。"

我点点头："经过和杨平的交往，你现在了解到了自己的需要，从这个角度来看，你俩这段交往也是有意义的。"

琳琳苦笑："可是，我花了这么多年才了解到这一点，我好懊悔啊，我在想，如果一开始，我能有些耐心，不那么匆忙建立关系就好了！"

第二章
女生比男生优秀可以吗

分析了自己在婚恋中的需求后,琳琳的情绪平复了很多,她若有所思地说:"看起来,我和杨平的关系出现问题,并不是突然的,有关的影响因素很多,尤其是我自己这方面,也是有问题的。"

"我对人生没规划,对婚恋前景,心里没有清晰的认识,还自以为是地理想化了对方,所以不加甄别地匆匆忙忙和他建立了恋爱关系,所以才会导致现在这一系列问题。"

"不过,朱老师,我心里一直以来还有一个疑问,想问问您。"

"说说看",我鼓励琳琳。

琳琳问道:"我想知道,女生比男生优秀,是不是不利于关系的发展?"

"有人对我说:男人都是有保护欲的,女人需要弱一点,男人才会自信心爆棚,才会怜爱这个女人,就是因为我太强了,所以我和杨平的关系才会成这样。还说在我和杨平相处的过程中,我应该学会示弱。"

"可是我就是个有思想、愿意努力、爱学习的人啊,我该怎么示弱呢?难道要我故意装无知?有高薪的工作也不去做吗?"

"难道说,这辈子我就不要再发展了?否则,我就很难找到合适的对象?"

一

在回答琳琳这个"女生比男生优秀,是不是不利于关系发展"的问题前,我想我们需要先讨论一下"优秀"的具体含义。

当我们说一方比另一方"优秀"的时候,具体指的是什么?是指这一方的收入高,还是指学历高?是指这一方的脾气性格好,还是指心理素质好?或者是指某一方无论是在收入、学历还是性格、人品等各方面的综合条件都比另一方要强?在不同人心里,对优秀的定义和标准的理解是不同的。

比如我国出色的数学家,被誉为"哥德巴赫猜想第一人"的陈景润先生,曾被世界级数学大师、美国学者安德烈·韦伊这样称赞:"陈景润先生的每一项工作,都好像在喜马拉雅山巅上行走。"但和陈景润先生在数学上的造诣同时被人津津乐道的,就是他生活方面的"马虎"。据传,他因为脑子里总想着数学问题,所以走路的时候常会撞在电线杆子上!

陈景润先生这样的人,工作上异常出色、生活上异常不在意的表现,在你看起来,算是优秀还是不优秀呢?生活由多方面组成,在得出某个人"优秀"与否的结论前,可能需要认真想一想。

我建议,如果一对男女计划建立恋爱关系,在建立关系之前,不妨先互相了解一下,交流一下彼此心目中的"优秀"是不是一个标准。

当关系双方彼此明确了各自心目中对于"优秀"的标准后,我对"女生比男生优秀,是不是不利于关系发展"这个问题的回答是:在婚恋关系中,如果一方坚定地认为另一方不如自己的话,这样的关系是不会有好结果的。

女生认为自己比男生优秀,这样的关系发展下去,不会有好结果。

男生认为自己比女生优秀，这样的关系发展下去，也不会有好结果。

我需要强调的是，在我这个回答中，影响会不会有好结果的重点在于，关系的双方是怎么看待自己和对方的优秀程度的，而不是从他人角度看关系双方各自的优秀程度怎么样。

我为什么会这样回答？那是因为，婚恋的第一要素是"平等"。

根据社会心理学的人际交往准则，人们在和他人的交往中，希望自己受益，或至少不吃亏，这是人的本性使然。假使关系的一方，自认对方和自己不匹配，自己比对方出色的话，那么，他/她就会认为自己在屈就，心中就会有不甘，就会希望对方多付出一些，而当对方不认为自己是高攀、不愿多迁就的时候，冲突就会发生。冲突不断发生，这样的关系能向什么好的方向发展？即使"优秀"的那一方没有明显表现出对另一半的不满和轻蔑，只是把这些情绪埋在心底，情况也不会变得更好。因为，长远来看，有些事情是掩饰不住的。当人的不满积聚到某种程度的时候，只要看到对方，即使不需要语言，这些情绪也会经过眉梢眼角的细致神情流露出来。

人都是有感觉的生物，即使被蔑视的一方对自己感受到的东西描述不出来，但那种压力，他/她也无法忽视，必然无法自在从容地生活在这段关系之中。这被看不起的一方，在一开始，可能不会有明显的反抗，但人的本性会不由自主地驱使他们做出一些让"高傲"的一方不满意、不舒服的行为。比如：明知对方口味偏淡，自己做出来的饭却总是莫名其妙放多了盐；明明说好了几点去接对方，自己却总是迟到。可这些失误说起来却又不是自己故意想这样做的，要追究起来，自己也会感到很委屈。然而，无论怎样小心注意，这样的"失误"却总是无法避免。

这样的"失误"，不管当事人能不能意识到其背后的原因，事实上，几乎都是人们不由自主地对自己所受到的伤害进行潜意识报复而导致的。这种"报复"带来的结果会使另一方更不满意这份关系，然后，在这种互动下，双方关系进入恶性循环。

所以，不管实际情况是什么样的，婚恋关系中，如果有一方认为自己比另一方优秀，这样的关系就不会有好结果。

二

有关"女方比男方优秀，最后没有好结果"的故事，中国古代历史上有过相关记载，故事的名字叫作"齐大非偶"。这个故事是这样的：

春秋初年，齐国国君僖公有个小女儿，名叫文姜，生得十分美丽。齐僖公很宠爱她，到了文姜该出嫁的年龄，就派出使者到各国去了解情况，想为女儿物色一位称心如意的配偶。

不久，使者回来报告说郑太子忽品貌出众、能文能武，而且年龄和文姜正好相当，是一位非常合适的人选。齐僖公听到报告很高兴，调查确实后，就派了使者前去郑国提亲。

当时齐国的势力大于郑国，齐郑两国的关系一向不错，现在美貌儿媳从天而降，郑国国君庄公当然很高兴。他觉得这是门好亲事，但是因为儿子一向有主见，所以，虽然他很开心，还是多了个心眼儿，一边接待使者，一边把儿子忽请来，当着使者的面问他的意见。没想到，郑太子忽当场就谢绝了这门婚事。大家都吃了一惊。

用现在的话来说，"齐郑联姻"就像现在一个小康之家的小伙子长得不错，性格也很好，还很能干，因此被当地名声很好的一位大企业家看上了，有意将美貌的女儿嫁给他。在很多人看来，这件事就像天上往下掉馅饼，何乐而不为呢？

齐国的使者很不解，也有些面子上过不去，就当面问郑太子忽："您为什么不愿意呢？"

太子忽答道："人各有耦（偶），齐大，非我耦（偶）也。"意思就是，每人都有自己合适的对象，齐国是大国，郑国是小国，一个大国国君的女儿，不是一个小国国君的儿子合适的对象。

齐国使者听完后，遗憾地回国复命去了。

郑庄公还有些舍不得，就问儿子："齐国比我们国家强大，如果你和文姜结了亲，以后万一有事，就可以得到齐国的帮助，你为什么不愿意呢？"

忽回答道："《诗》云：'自求多福'，在我而已，大国何为？"就是说：《诗经》里说啦，幸福全靠自己追求，所谓"往后的好处"，应由自己去创造，自己指望别人给恩惠算怎么回事呢？

郑庄公同意了儿子的想法。

又过了一段时间，北戎部落入侵齐国，齐国向郑国求援，太子忽率领郑国的军队，帮助齐国打败了北戎。齐僖公更觉得太子忽是个好的女婿人选，便再次向他提起这件事，但是太子忽依旧坚决推辞了。从此之后，齐国和郑国的婚事就不再被人提起了。但是文姜的岁数到了呀，怎么办呢？最后她嫁给了鲁国的国君鲁桓公。鲁国的国力和郑国是差不多的，也不如齐国势力大。结果，齐文姜嫁到鲁国后，一开始还好，但几年后，文姜与鲁桓公的婚姻出了问题。出的还不是小问题，而是直接使鲁桓公送了命。这是怎么回事呢？

原来，齐文姜在尚未出嫁时，就和同父异母的哥哥诸儿有了男女关系。齐僖公在世时，他们两个人还有所忌惮；等她出嫁后没几年，齐僖公去世了，诸儿即位成了新的齐国国君，两个人就按捺不住了。

文姜多次向鲁桓公提出，想回齐国去看望亲人，鲁桓公一向很疼爱自己的妻子，便答应了文姜的请求，带着她来到齐国都城临淄，齐襄公（诸儿）大摆筵席招待了他们，宴席结束后，齐襄公把文姜接入后宫，说是和女眷们见面，请鲁桓公回宾馆休息。可直到第二天，文姜也没回到住处。

鲁桓公心里既焦急又疑惑，就叫随从去打听，这一下，文姜和齐襄公的事就被暴露了。鲁桓公得知后非常生气，在文姜回来后，忍不住对她进行了盘问，还说了不少挖苦的话。

文姜感到事情已经败露，不知如何是好，当时没有争辩，但过了一会儿，趁着鲁桓公午休的时候，她急忙跑回宫中告诉了齐襄公。齐襄公不愿意这件事传出去，也嫌鲁桓公碍事，就在为鲁桓公辞行的酒席宴后，安排人在半路上把鲁桓公杀害了。

鲁桓公突然死亡让世人很是震惊，当人们慢慢得知他死亡的真正原因后，大家想起当年郑太子忽辞婚的旧事，都感慨他的明智，纷纷表示，如果当年郑太子忽贪图齐国势力的话，现在死的人可能就是他了。

"齐大非偶"这个故事讲的就是，在面对双方明显关系不平等、条件不均衡的情况下，婚恋关系是不会有好结果的。如果不是因为齐国的势力远远强于鲁国，当鲁桓公发现自己的妻子和别人有不正当关系的时候，他要采取的举措可能就不是数落对方几句那样简单了。

正是因为鲁国弱于齐国，所以，如果鲁桓公冲冠而怒的话，最后的结果可能也只是鲁国战败。国君的气没出成，老百姓还白遭殃。因此，鲁桓公只能忍耐。但齐文姜的做法，对于鲁桓公，确实是一种伤害，因此，鲁桓公没忍住，数落了文姜，所以，造成了不幸的结局。

而如果鲁国国力不是这样弱于齐国的话，可能一开始，齐文姜和齐诸儿考虑到两国交恶的后果，也就不敢这样对待鲁桓公了，这个恶果可能就不会出现。

现代的男女婚恋也是一样的，有平等，才会有尊重；有尊重，才会有关系的良性循环。

有没有人在心中默认，"男人就该比女人优秀"，或者，认为在男女的相处中，就该是个"男高女低"的态势？

我想请大家警惕这种念头。正如我们上面所说的，真正的婚恋幸福只可能来自双方平等，以及随之而来的互相尊重。在女方远不如男方优秀的情况下，男方对女方的轻视，必将是影响婚姻和谐的重要因素。

长久的不平等、长期的不被尊重，会使人产生不良情绪，这些不良情绪要么带来心理问题，要么带来生理问题，自然，还会破坏关系。

三

特别想提醒大家注意的是，当我们感觉到对方"不如"我们，我们不满意于这段关系，却还舍不得放弃的时候，我们不妨问一问自己，我们所留恋、贪图的，到底是些什么？

在工作中，我遇到过不止一次这种所谓"一方比另一方优秀，虽然看不起对方，却仍然选择和对方在一起"的情况。

比如：A女收入远远高于丈夫，自己感觉两个人不合适，在外面找了情人，但依旧不准备离婚，甚至还计划要孩子；B女收入和学历均高于男方，但害怕男方如果和自己条件一样就可能会变心，于是找了个自认为各方面都不如自己的男人结婚，结果婚后丈夫依旧四处乱搞，B女感到不能理解和接受；C男收入不菲，女友毕业后一直在家待业，C男一面筹备着和交往女友的婚礼，一面说"感觉对方配不上自己，在有条件的情况下，要送她去上MBA"，然后不断和多个女性关系暧昧。

不知道大家对这些例子里的感情是什么样的看法？你们认为，这些例子里的感情是爱情吗？

爱情的定义难道是"我对他/她心怀不满，但我依旧要勉强和他/她在一起"？

和我们在一起的人当然不会是完美的，就像我们自己也不完美那样，但是，我认为对待爱情中的对方至少应有这样一种心态："我知道你有一些缺点，但我更看重你的那些优点。我接纳你整个人，就是眼前的这个样子的你，即使你的缺点永远存在、永远不会改变，我也依旧享受所有和你在一起的时光。"

上面说的那几个例子中，当事人也许是觉得自己在为"爱情"做牺牲，但在我看来，这是对"爱情"的曲解，这是对自我、对他人的不尊重；吸引当事人在这样的关系中逗留的，并不是爱情，而是一种他们对未知前景的惧怕。

我建议，正在这样一种别扭的"爱情关系"里纠结的朋友，为了自己和他人的幸福，不妨寻找一位专业的心理咨询师和你一起探索；在心理咨询师的陪伴和引导下，去了解和发现自己到底惧怕的是什么，以及造成这种境况的真正原因，然后再寻找能走出这种境况的道路。

四

琳琳听到这里，点了点头："是的，我承认，在我和杨平的关系中，我对他的失望是毫无掩饰的。我对他抱怨过、指责过，现在想起来，这确实不是一份有质量的、互相支持的关系。"

"如果有人拿我指责过杨平的话来指责我，我想我早就受不了了；要是这么说的话，我和杨平的关系恶化并不在于我是不是不会示弱，而在于我没有尊重他。他感觉不到尊重,所以,相应的,他也没有给我爱护。"

"朱老师,我现在没有一开始那么难受了,不觉得问题全在杨平身上了,但我还有个问题。我想知道,杨平和我发展到今天这样,是不是也和我比他大有关系?也就是说,是不是因为我俩是'姐弟恋'?而'姐弟恋'天然就不可能有好结果?"

第三章
"姐弟恋"会有好结果吗

琳琳问我,她和杨平的关系没发展好,是不是因为"姐弟恋"的原因造成的?毕竟,事实上,她确实比杨平大两岁。

琳琳说:"大家都说女人老得快,年轻的时候还看不出来,年龄大了的时候女性就会显得衰老快,那个时候,男女对比会很明显,杨平是不是考虑到这个,所以才对我俩的关系不用心投入的?"

"我原先对我妈抱怨杨平的时候,我妈妈也说过,男人比女人思想成熟晚,哪怕只是大对方一天,这辈子也总得让着对方,这样相处会很累。她当时就劝我好好考虑,可惜我没听。"

"那么,事实真的是这样吗?'姐弟恋'是不是注定没有好结果?"

在回答琳琳这个有关"姐弟恋"的问题之前,我想需要先确定一下人们一般心目中"姐弟恋"的标准,也就是说,女方比男方大多少,就会被大家公认为"姐弟恋"?

在本文里,我想讨论的是恋爱双方年龄均在21岁以上的情况。

我之所以要把这个年龄定在"21岁",是因为我认为,大部分人在21岁之前,基本上还处在经济尚未独立的阶段,而我们都知道:物质是基础,精神是上层建筑。

爱情当然是属于精神范畴的事物,如果你不是只想让你的爱情停留在想一想、说一说的阶段，还想让它落在地面开花结果的话，物质基础首先需要被建立。而以我国青年成长的一般规律来看，"21 岁"之前，大部分人一般是缺乏自立能力的。在缺乏自立能力的时候谈爱情的结果，常常是一场空。

至于"姐弟恋"会不会有好结果，照我看来，就像世上最常见的"兄妹恋""同龄恋"那样，可能有好结果，也可能不会有好结果。

无论是什么样的婚恋，都会有各种阻碍发展的因素，即使是一开始就备受祝福、人人看好的婚姻，也未见得都能白头偕老、百年好合。

想要一个好结果，要看的是，婚恋双方愿意为这段关系付出什么样的努力，以及有没有能力克服这段婚恋面临的种种问题。

虽然现在娱乐界很多明星都缔结了女方比男方大十多岁的"姐弟恋"的婚姻，虽然社会对"姐弟恋"这种婚恋模式的接纳度比从前提高了，我依然理解和认同琳琳的担心，因为"姐弟恋"确实面临着许多现实问题的考验。

一

"姐弟恋"要面临的第一个大问题，就是"社会支持系统"的影响。

所谓社会支持系统，是指一个人生活在这世上，身边能够影响到他的以及能在自己的社会关系网络中所获得的物质以及精神上的帮助。

从广义的社会支持系统上来看，虽然时代发展了，社会观念也有所变革，但在我国这个传统的集体默认男尊女卑，女性长期处于缺乏经济地位，需要用"色相"或"服从"来从男方那里换取生活资料的大背景条件下，社会整体上对"姐弟恋"是不理解、不宽容、不接纳的。尤其对于岁数相差较大，比如年龄差距在 5 岁以上的"姐弟恋"，社会上的指指点点、担心顾虑、鄙夷嘲笑、猜测讥讽都在所难免。

从狭义的社会支持系统来说，无论是男方还是女方的亲朋好友，对于这种"偏离"了社会常态的恋爱模式自然也会有种种顾虑。男方的亲属可能会面子上难堪、担心他人的指点，而且他们也脱离不了整体社会思维的影响，会有自己家孩子"吃亏"了的想法；而女方的家属则会担心女孩会不会上当受骗？会不会在若干年后遭到对方的抛弃？因而也难以支持女方的选择。

同时，社会系统中的看法，也会是"姐弟恋"里双方的担心与顾虑，比如女方可能会想："别人会不会嘲笑我，认为我老牛吃嫩草？嘲笑我痴心妄想？他将来是不是真会甩了我？"而男方也会担心："会不会有人说我是吃软饭的？或心理上有毛病？"

"姐弟恋"中无论是男方还是女方，都是生活在社会中的普通人，终究都希望自己的言行能得到主流社会、各自家庭的认可，因此，社会支持系统中传来的反对声音，对于"姐弟恋"的双方来说，是不能不考虑的阻碍因素。

"姐弟恋"面临的第二个现实问题，就是在不同年龄阶段，人的生理和心理状况存在的差异。

首先从生理状况来说。在年富力强的二三十岁时，"姐弟"之间生理水平上的差异可能不是那么明显，但到了四十岁之后，女方的容貌、体力、精力的衰减就会比较明显。而这时候，正是三十多岁的男方，如果将自己的伴侣和外面二三十岁的异性在这些方面进行对比，就容易产生失落的心理。

这时候，如果男方一味拿自己希望的标准去要求对方，比如要求对方能打扮得和小姑娘一般青春靓丽，或者希望对方依旧能熬夜和自己看通宵场电影，或频繁和朋友一起出去进行户外活动等，就更容易造成双方关系的不和谐，从而影响感情。

此外，人上了岁数后，机体势必会衰老，生理机能会下降，年纪大的比年纪轻的容易生病，还可能会出现一些不受人欢迎的体味，这对年轻的一方也是种考验！

其次从心理状况来说。不同年龄的人在不同的时代中长大，而不同时代的社会环境、思想理念、文化因素不同，这往往造就不同时代人群不同的心理状态。比如：于20世纪70年代成长起来的人可能会比较坚韧踏实，比较愿意去协调人际关系，这和他们成长的那个时代是社会转型期并且当时我国大多都是多子女家庭有关；而生于20世纪90年代的人可能就会比较自我、比较追求个性、比较勇敢，不屑在说服别人上花力气，这和他们成长的时代是我们国家的经济高速增长期，以及他们大多是独生子女有关。这样具有不同心理状态的两个人在一起，有时候难免会产生一些冲突，会互相不能理解对方的一些行为。

此外，不断发展的个体，在不同阶段也有不同的心理特性和不同的要完成的任务。比如，在二三十岁，人们往往关注的是寻找伴侣、解决孤独感的问题；而30岁后，人们更关心的往往就是生儿育女、职业发展等问题。处于不同年龄阶段的人，关心的事情不同，对生活的感悟不同，这也容易造成彼此之间的不理解与冲突。

"姐弟恋"还需要克服的第三大心理阻碍，是社会文化因素对婚恋双方的心理影响。正如我们上文所讲，在中国过去长期的社会生活中，女性缺少和男性一样公开参与社会政治经济生活的机会，缺少和男性一样平等施展能力的场所，因此，人们对待男性和对待女性的衡量标准不同。

对待男性，人们更能看到他的品质、能力、性格这些方面的综合因素；而对于女性，是否"年轻美貌"几乎被当作了唯一标准。在这样的视角下，女性不是被看作独立自主的个人，而是被物化成一件用来衡量男性地位的商品。

受这样的固有观念影响，娶得年轻貌美妻子的男性，会比娶得不那么年轻貌美妻子的男性，更得到社会的艳羡，会被一般周围社会群体认为是"有本事"，会被高看一眼。

马斯洛的需求理论提到，人的第四层需要是被尊重。在这种需要和社会文化因素的综合影响下，"姐弟恋"具有天然的劣势。

如果一位男子不但娶的妻子不比自己小，甚至还比自己大，那么，他就等于自动放弃了那种得到旁人"羡慕嫉妒恨"的特权的机会。这对于某些"面子胜过一切"的中国男性来说，是个多么大的牺牲啊。

如果这位男士对婚姻幸福感的来源主要建立在他人的评价上，如果这位男士"被尊重"的需要在生活中其他地方得到满足的机会很小，那么，"姐弟恋"对这位男士可能带来的压力就会很大。而此时，如果这位女性也认可这样的观点，也认为自己的价值存在于"年轻美貌"之上，那么，她就不能不常常患得患失，有时还会过分敏感。两个人的关系因此也会受到影响。

二

除了以上三点外，"姐弟恋"也要面临"同龄恋"里一样要面对的那些问题。比如：双方的性格是不是合适？彼此的经济基础能不能支持走向婚姻？对方到底是不是个可以依托的人？双方从前感情经历遗留下的一些问题如何面对？

而"姐弟"年龄的差距，会把一些"同龄恋"里同样会出现的问题放大。比如经济基础的事，如果两个人年纪相当，可能最后采取的解决方式是"我们一起去努力"，可是在"姐弟恋"里，有些女方往往会有"我是不是不该对他有要求？我该承担起这一切吗？"的考虑，而有的男方也确实会有"对方的年龄已经比自己大了，经济条件上理应比自己成熟"的想法。那么当女方的经济不够成熟，无法负担两个人的未来的时候，双方的关系就会动摇。

即使是女方能负担起两个人的未来，女方可能也会有委屈的想法："别的女人都是依靠男人，我却是在付出。"有时候也不免产生怀疑："他是爱我的人，还是爱我的钱？"而男方在享受女方付出的时候，也未必就那样心安理得，可能也会担心社会对他的评价，"别人会不会说我没用，只能靠女人生活"？这些心理的冲突反映在关系里，必然是双方产生各种矛盾和冲突的根源。

再比如，当两人相处中产生矛盾和冲突的时候，在"同龄恋"里，大多数情侣双方在一开始的时候是愿意拿出时间来互相磨合、继续观察的。可是在"姐弟恋"里，女方往往立刻就会有"我的时间不多了，消磨在闹矛盾上值得吗？这个男人比我小那么多，他随时可以开始新的选择，但我不可以了"的想法，因此表现出要从当前关系中撤退的态势；而男方也会有"我可以有（大家认为的）更好的选择，还值得在这段不被大家看好的关系上继续投入吗？"的想法。双方都表现出对这段关系的不坚定、摇摆不已的态度，这无疑也会导致双方关系加速走向破裂。

另外，如果女方有过婚史且有孩子，那么，即使男方和女方岁数相仿，也会产生一些矛盾和冲突；而当男方年龄比女方小得较多时，这些矛盾和冲突很可能就会被放大，这也是"姐弟恋"中不能忽略的一个影响因素。

"恋情"很美好,而"婚姻"很现实。婚姻从来不是两个人的事,它关系着太多的社会因素,从恋爱进入婚姻,"姐弟恋"不可避免地要面对种种压力和阻碍。

三

那么,面临着这样多的压力和阻碍,"姐弟恋"到底会不会有好结果呢?

我个人的答案是:那得看进入这段关系的个体,也就是恋爱的双方,究竟是什么样的人?想要的是什么?能承担起的又是什么?

根据"姐弟恋"里双方客观呈现的经济条件、社会地位的不同,基本上可以把"姐弟恋"分为"女强于男""男强于女""男女平等"三种类型。

第一,女强于男的类型。大多数人会认为,"姐弟恋"里女方的经济条件或社会地位应该远远地强于男方,能为男方提供经济支持、事业便利或者心理保障,这样才能使年龄小的男方心甘情愿选择年龄大的女方。

实际生活中确实也常见这样的例子,比较经典的有麦当娜中年之后和她的历届丈夫或男友;蒙古族历史上的满都海夫人;还有一些娱乐新闻中的明星,至少看起来,他们在表面物质条件上,都是这样的组合。

尤其是满都海夫人,她本来是成吉思汗的第十二世孙满都古勒汗的二夫人,二十多岁时孀居,但是为了蒙古族的发展和统一,她选择了比自己小二十多岁的巴图蒙克为自己的第二任丈夫(据有些史学家考证,他俩的年龄差距是25岁)。在这段姐弟恋情里,这对夫妻一共孕育了7个孩子。

在这样的"姐弟恋"里,双方看的不是年龄的差距,而是双方的资源,是否能对双方想要达到的经济、政治目标或其他生活目标的实现提供最大可能。

如果你和你喜欢的对象属于这种类型，双方情愿，也没什么不可以，而且，也能被理解你们的周围人群所接受。

至于那些和你们八竿子打不着的非周围人群，他们怎么想，就是无所谓的事情了。

第二，男强于女的类型。除了女方的经济条件或社会地位强于男方的"姐弟恋"，男方比女方经济条件好的"姐弟恋"也屡见不鲜。

比如"童养媳"，就是一种男方家庭经济条件强于女方，然而依旧缔结男方年龄小于女方年龄的婚姻的现象。事实上，在我国某些地区的某些时期内，这种"姐弟恋"的现象还很普遍，在很多文学作品中也都有所反映。

沈从文的小说《萧萧》中就这样描述："萧萧做媳妇时年纪 12 岁，有一个小丈夫，年纪还不到 3 岁。丈夫比她年少十来岁，断奶还不多久。地方规矩如此，过了门，她喊他做弟弟……"

除了"童养媳"外，在另外一个特殊的场所中，也存在着男强于女的"姐弟恋"的现象，这个场所就是皇宫。

可考证的知名人物如武则天和唐高宗、明宪宗和万贞儿。尤其是明宪宗和万贞儿的故事，让很多人都感到无法理解。

万贞儿比明宪宗大 17 岁，4 岁入宫做宫女，从明宪宗两岁时开始在他身边照顾他。

公元 1465 年，英宗皇帝去世，宪宗继承皇位，改元成化，成为明朝第八位皇帝。成化二年，万贞儿为宪宗生下一子，宪宗大喜，遂封万贞儿为贵妃，并派出使者四处祷告山川诸神，为皇子祈福。

成化十二年，宪宗封万贞儿为皇贵妃，让其做妃子之首。万贞儿是历史上第一位在世即被封为皇贵妃的人物，且是历史上第一个死后有谥号的妃子。

成化二十三年春，万贞儿病逝，享年59岁。宪宗得知万贞儿死后，怅然曰："万妃长去，吾亦安能久矣。"他为万贞儿辍朝7日，并主持她的葬礼，葬礼上诸事一如皇后之例，葬天寿山。数月之后，宪宗悲伤过度而亡，享年41岁。

像明宪宗和万贞儿这样外界看起来"男强于女"的"姐弟恋"的例子，能做到的人并不多，但是，这种故事里的男女主角，事实上也不需要让周围观众来理解和支持。

因为"强悍的人生不需要解释"，这样恋情里的主人公自己够强悍，能把诸事搞得定，并不需要依靠关系之外的他人来辅助，他们只要能对自己交代过去就行了。

这几个例子，大概也可以说明："姐弟恋"里并不是要求女方必须是经济或社会地位上占优势的一方；而"姐弟恋"中的男子，也未必就是吃软饭的男子。

第三，男女平等的类型。男女平等型的姐弟恋也不乏实例。

小林光一，日本著名围棋棋手，13岁入木谷实门下，以攻击锐利、形势判断精确见称，创有流行一时的"小林流布局"。他22岁时和老师木谷实的女儿——35岁的木谷礼子（围棋七段）喜结连理。

对于这桩婚事，无论是礼子的母亲木谷夫人，还是小林光一的父母都一直竭力反对。他们认为，两人之间13岁的年龄悬殊实在是太大了！

但是，小林光一发挥了他在棋盘上的执着劲，最终说服双方父母和礼子结婚了。虽然如此，在婚礼上，礼子的母亲仍是一副哭丧相，她太不看好这桩婚姻了。

没想到的是，婚后，小林光一不但和妻子感情甚笃，而且还在事业上开始大发异彩，结婚的第三年即获得了第一个冠军头衔——天元战冠军，此后成为日本超一流棋手，并在长达十多年的时间里，成为五冠王，被封日本围棋第一人。

阿加莎·克里斯蒂，英国著名女侦探小说家、剧作家，三大推理文学宗师之一，在第一次婚姻失败后，于1930年9月11日和比自己小14岁的、自己外甥的大学同学马克斯·马洛温步入婚姻的殿堂。马克斯·马洛温从事考古研究，后因其学术成就被封为爵士；而阿加莎本人在1971年就曾荣获女爵士封号。二人的婚姻持续到阿加莎85岁去世。

在这第二段婚姻期间，阿加莎创作出了以赫尔克里·波洛为主角的28部长篇小说、5部小说集；以简·马普尔小姐为主角的作品14部；以汤米和塔彭丝夫妇为主角的作品3部；以及以业余侦探为主角的一些短篇小说集、悬疑小说共15部；还有其他剧本集、诗集、小说、故事等二十余部。她在第二次婚姻中所取得的文学成就远远超过她在第一次婚姻中的成果。

最后一个例子是现任法国总统马克龙的故事。马克龙是法国内阁中公认的帅哥，他的妻子是比他大24岁的、他的高中法语老师托涅。

马克龙毕业于法国专门培育政治精英的国家行政学院，曾任总统府爱丽舍宫主管经济事务的副秘书长，年轻时就锋芒毕露，醉心哲学，也精于舞蹈，还爱好拳击，被昵称为"爱丽舍宫的莫扎特"。他与妻子的婚姻是法国民众心中公认的、真正出于爱情的结合。有关马克龙的婚姻，有一段小的插曲，可能不是人人都知道。

在马克龙成为法国总统前，大约是从2015年9月开始，法国一位女大学生频繁给马克龙寄送告白信和情色照片，使马克龙不堪其扰，多次拒绝和警告无效后，他终于在2016年2月向法国警方报警。这位骚扰他婚姻的女大学生受到了法律的制裁。

我想，这个小小的插曲似乎可以验证这段恋情是不为"年轻貌美"这个因素干预的。

我之所以把马克龙和他妻子的婚姻列入"男女平等"的行列，并不是因为马克龙自己说"她将和我并肩奋斗"，而是因为我相信，没有任何一对相爱的人，会认为自己和对方在一起是"施舍"或"屈就"。

所以，如果从这个角度看，不管经济地位或政治资源孰优孰劣，从一定意义上来说，我上面所举的那三种"姐弟恋"的类型，其实男女双方都不分高下。在双方心里，他们的关系都是平等的。

四

我认为，"姐弟恋"当然有可能取得好结果，但想取得好结果的"姐弟恋"，至少需要具备以下这些条件。

（一）成熟的心理和经济条件

事实上，不管是不是"姐弟恋"，如果想达到理想的爱情境界，都需要具备这样的素质，那就是：需要有一个绝对强大的内心和能掌控现实局面的能力。比如说，一定程度上的经济实力，辨别是非的智力，把握自己情感的能力，等等。

当你具备了能掌控现实局面的能力后，首先，不管这段恋情的结局如何，都不会给你带来任何损失，只会是一段美好的回忆；其次，你也会跨越社会舆论的阻碍。

在"姐弟恋"中，无论是男方还是女方，双方父母亲人的反对大多是源于担心自己的孩子在这场恋情中受到伤害。而如果你处理事情的能力已经向你的父母证明，你是一个能为自己生活负起责任的人，你不会因为失恋而经济破产，也不会因为失恋而去寻死觅活，完全能承担得起自己行为的后果，那么，你的父母亲人又何必要反对你的恋情呢？

同理，当你具备了一个绝对强大的内心，以及能掌控现实局面的能力后，那些所谓的社会舆论、他人的眼光，对于你又能有什么妨害呢？

当你达到这种程度的时候，你就相当于掌握了你生活的自主权，那些普通人用来限制自己、为自己找借口的条条框框，就不再适用于你。反之，当你经济上不独立或情感上不成熟的时候，我建议你要远离"姐弟恋"，无论你的性别是男还是女。因为你对自己都负不起责任，你是无法承受"姐弟恋"所要面对的那些压力的。

在缺乏完成某样事情的技能的情况下，却偏偏要去参与那件事，最后的结果只会是自寻烦恼、害人害己。

（二）双方平等、放松的心态

在恋爱的双方都具备了能为自己的生活承担责任的能力后，"姐弟恋"和"同龄恋"有什么大的区别呢？在我看来，在这种情况下，具体年龄的差异并不是问题，关键是双方相处的时候，各自怀有一种什么样的心态。

我认为，"姐弟恋"里最需要提防的恰恰就是"姐姐"们自惭形秽、自己紧张以及自居"姐姐"的心态。

人的态度和情绪是互相影响的。你如果自惭形秽，时间长了，对方自然而然也会觉得你确实配不上他；你如果自己紧张，对方也会被你这样紧张的情绪所影响；你如果自居姐姐，对方当然要甘做弟弟，不会站出来呵护你、被你依仗。

爱情是什么？至少是一种让人常常感到平等、大部分时间感到轻松、有时乐于奉献的感情吧。你自己剥夺了对方体会这样感觉的机会，最后导致了你不希望的走向，又该怪谁呢？

如果爱，大胆爱，把什么"姐姐""弟弟"的念头都抛到九霄云外去吧！只需要记住，你是爱情中的一方，而他是另一方。你俩为了你们都想要的爱情，做你俩需要做的各种事。

而"弟弟"方要注意的则是，放弃依赖、索要、挑剔或者患得患失的心理，你是来谈恋爱的，不是来找母亲的。如果你只是因为这个女人方方面面都比你强，能满足你的需求而和她在一起，那么，其实你爱的不是她；或者，你认为这个女人岁数比你大，就该方方面面让着你，那么，你也不是在谈恋爱。

既然说是"姐弟恋"，是"恋"，那就不是一方的情感诉求，而是双方的感情需要，那么，要为感情做付出，对它进行经营的人，就不该仅仅是恋爱关系中的某一方。

（三）充分利用"姐弟恋"存在的优势

"姐弟恋"相对"同龄恋"也存在着优势，比如岁数较大的姑娘因为经历过的事情多，心理成熟度会明显胜过未经世事的小姑娘，在性格方面占有优势，不至于为了一丁点儿小事上纲上线没完没了，另外她们往往在经济方面已经取得独立，这也有利于双方以一种比较平稳的心态展开恋爱。

此外，一些生理学家认为，女性 35~45 岁是性高峰，男性的性高峰则在 18~28 岁，因此，二十多岁的男子和三十多岁的女子在一起，或可享受到最和谐的性爱。

凡事都有两面性，要不要进行"姐弟恋"，能不能把"姐弟恋"坚持到底缔结美满的婚姻，其实，最后要看的还是婚姻双方愿意为这段婚姻付出的心力。

五

总看名人"姐弟恋"的例子未免会让人觉得如雾里看花、隔岸观火，既不清晰又无关于自己的痛痒，不如来看看我身边几个平常人"姐弟恋"的实例。

第一类例子是成功的案例，就拿我一位闺蜜的故事来做例子吧。

我这位闺蜜比她先生大5岁以上，她和她先生刚认识的时候，彼此并不知道对方的实际年龄，他们只是出于对写作的共同爱好，经朋友介绍，进入同一个论坛里以文会友，自娱自乐。

随着彼此的熟识，几次地面活动的接触，他们俩的话题从文学开始延伸，开始谈论各自的人生理想、彼此对生活事件的看法。因为一开始没想到要和一个陌生人谈恋爱，并没有什么强烈鲜明的以婚姻为目的的企图，所以大家都很真诚，态度轻松。然后在这样的基础上，双方逐渐产生了感情。

当决定建立恋爱关系的时候，他们两个也不是对"年龄"的问题没有过丝毫的顾虑。然而回顾交往的过程，二人都意识到，他俩的交往，是剥掉了一切外在因素，比如容貌、年龄、职业、收入、社会地位等全部干扰项影响的。他俩互相看到的是对方的内在，比如相同的爱好、相似的价值观以及其他一些能保证双方和谐相处的要素。

外在的一切都有可能会改变，而这些内在的东西才是相对稳定的，是能保证恋爱和婚姻顺利的关键，于是最后他们还是决定继续发展。

目前，我闺蜜和她先生结婚已经快十年了，他俩的宝宝也上小学了。

在这十多年里，他俩也发生过矛盾，也有过一些争执，不过，这些矛盾和争执都和"岁数"无关，而且比起一般的夫妻来说，他俩发生争执和矛盾的次数算是少的。

我询问过我闺蜜关于她和她先生相处的秘诀，闺蜜对我说，他俩之所以能如此，一方面固然和两个人的性格有关，另一方面还在于，在她心里她从来都没有自己和对方是"姐弟恋"的想法，她不但不觉得她该注意些什么，或让着对方些什么，反而在某些事上还非常倚重对方。

第二类例子也很常见，虽然说不上失败，但也不能算成功。它们来自于我的咨询实践，是很多例子的集合体。

在这些故事中，男方虽然年轻，但在经济上都是弱势，女方不但有经济实力，而且外形好、显年轻。男方都是因为得不到女方，所以才来咨询。

能从其中看出什么问题吗？

按照心理学的原理，"谁痛苦，谁求助"，男方前来咨询，可以反映出女方并不为这件事痛苦，痛苦的是"弟弟"一方。

"弟弟"们为什么痛苦？

因为他们缺乏能力，他们把握不住这份感情；他们想得到，但是却又无能为力。

无论在经济上，还是在心理成熟度上，或者在阅历上，这些"姐弟恋"的双方都不平等。两个人根本不是势均力敌的态势。连平等都谈不上了，又何谈尊重和爱情呢？而且，在这些例子里，这些"弟弟"们只看到了女方的强，他们到底有没有看到完整的对方呢？他们有没有看到，在那些女性的内心里，还会有其他一些东西？比如，脆弱、柔软、对自己能力的忧惧，以及对未来的担心和害怕。他们有没有看到，她也是一个有血有肉的人，有时也需要找个人依靠，不可能时时刻刻都会那样强大；而当她不再那样强大的时候，他还会依然"爱"她，甚至成为她的依靠吗？

不管未来如何，至少，当这些"弟弟"们来咨询的时候，他们还做不到无论何时都能成为对方的"依靠"。因为，我们大家都见过一个男人为追求一个女人会做到什么。如果一个男人下定决心追求一个女人，那么，他人的议论、父母的反对、对方的拒绝完全都不在他的考虑范围内；他会不懈追求，毫不犹豫，毫不退缩，无比坚定。

而这些"弟弟"方，当对方拒绝时，自己便也犹豫，这是不是也能反映出，他自己对这份感情也是心存犹疑呢？这可能反映出他还没有强大到这种程度：虽然已经考虑到将来可能遇到的一切困难，但依旧能毫无惧色地对这名女子说"那有什么！我会和你一起面对的，你放心吧"！

连"弟弟"方自己对这份感情的态度都如此不坚定，又有谁能保证他俩未来的发展呢？他们所追求的女士应该是隐隐意识到了这些，所以才没有答应这些小伙子的吧？

第三类"姐弟恋"的例子，就是那些曾经在一起但结局很不美好的案例。这些故事的发展轨迹比较俗套，大致上就是一开始女方各方面条件都比男方强，对男方无限包容，只为到了这把年纪还有比自己小那么多的人热烈追求而激情澎湃；但真正生活到一起后，男方对生活毫无承担，时日迁延，曾经的激情经不起现实生活的考验，女方伤痕累累，最后无奈黯然分手。

另外也有男人，在二十多岁的时候和三十多岁的女友结婚，婚后多年幸福恩爱，诸事皆好；唯一的瑕疵（在男方看来），就是妻子似乎担心男方亲戚朋友的指点，因此不太愿意单独和男方亲友打交道。十多年后，男人遇到了比自己小的女同事，开始动心，可是想起妻子的好，又犹豫不已。他想来想去，唯一能让他拿来做离婚理由的，也只有上面妻子不愿和他亲友们往来的那一条。

对于这个故事，我不予置评，我只是想问问大家，你们认为，这个故事是不是只会在"姐弟恋"中发生呢？

六

对于"姐弟恋"的分析结束前，请让我用曾经在网上很流行的一句话来再次表明我对"姐弟恋"的态度。这句话这样说道："真正的爱情可以跨越一切阻隔，包括国籍、种族、年龄、性别，乃至生死。"

对于爱情，人们能做到如下的坚贞：一些老人家，一方逝去后，另一方会在几分钟或几天内跟着无病无灾、毫无缘由地、自然安详地离开人世；还有些夫妻一方去世另一方终身不婚。

这些故事，不都是跨越了生死吗？真正的爱，即使阴阳相隔亦不能被割断。生死都可以跨越，何况区区几岁人间春秋。

我在咨询中接触过一些相差十几岁的"姐弟恋"，都是"姐弟"双方一起来咨询，他们询问和担心的，完全不是该不该和对方在一起、将来会不会有什么隐患等问题。他们就像其他岁数相仿的情侣一样，咨询的是如何相处、如何沟通、如何走向更好的明天。

在这些"姐弟恋"的案例里，没有一个是把岁数的差异考虑在矛盾原因里面的；倒是一些案例里年龄相差不大，只有两三岁，甚至只有几个月的年轻情侣们，会把两个人闹矛盾的原因归结到"岁数"上。

这说明什么？是不是可以说明，生理上年龄的差异并不是影响两个人相处的最关键因素，影响两个人相处的，还在于两个人心理条件的匹配性？

仔细想想，"姐弟恋"和普通恋爱最大的差别在哪里呢？除了那些社会上看你们如"异类"的眼光（也不一定会有，因为人人最关心的只是自己）、父母的反对、家人和朋友的不解外，仅仅就"姐弟恋"双方间的问题来看的话，最大的问题可能就在于：当女性年老色衰、健康变差后，这份情感会不会产生变化？

那么，我想问的是，在你们的择偶系统中，到底什么是最有价值的？是容貌，还是身体的健康状况？抑或是其他什么别的因素？

俄罗斯有位姑娘 Estelle 患有罕见的早衰症，身体衰老的过程较正常人快 5～10 倍，样貌像老人，器官机能也同样衰退，然而，她也遇到了一位同龄的男士，并与他结婚生子。

对于琳琳的疑问："是不是因为我比他大两岁，所以影响了他对关系的投入？"我的回答是："根据我对婚姻的理解和经验来看，男女双方相差两岁，还够不到会经受'姐弟恋'压力的地步；而'姐弟恋'是否能走向幸福，要看双方各自的心理成熟程度与双方对这段关系的经营、投入和把握。"

第四章

性

"那么,他和我分手,会不会是因为另外一个问题?"琳琳嗫嚅了半天,终于憋红脸问道:"会不会是因为性的问题?"

"这些年的相处中,他不止一次提出性要求,可是我都拒绝了,我希望能把这件事放在结婚后进行。但因为他一直不上进,和他沟通的时候也总是没有回应,我始终没有下定和他结婚的决心,所以,我们俩也就一直没发生性关系。"

"这次他和别人上床,会不会是因为我不肯和他上床造成的呢?"琳琳迫切地望着我:"朱老师,我想知道,什么时候发生性行为才比较合适呢?"

"他想要,我不想要的时候,我该怎么办?"

"我没满足他的性要求,是不是也是他劈腿的原因?"

类似琳琳这个困惑,也是我在咨询中常遇到的问题。

虽然在当下的时代,人们对性的态度总体来说已经越来越开放,然而,即使是在这样开放的时代,不同的人对待"性"的态度依然是不同的。要回答"什么时候发生性行为比较合适","一方想要,另一方不想要,该怎么办",以及"不满足对方的性要求,对方去找别人怎么办"这些问题,第一步需要先回答的问题是:"发生性行为,对你意味着什么?"

对于性行为的发生，不同人主张不同，有的人认为："性"和"爱"根本不是一回事，可以截然分开。在这部分人的观念里，把"性"只当作是一种感官的愉悦，他们认为每个人都有权利使用或享受自己的身体。

不过，在这种观念之外，同时也还有许多人认为，"性"与"爱"不可分离，只有蕴含着感情的性行为，才能给予人们满足。

你是哪种人呢？你想和别人发生性行为，是仅仅为了好奇，为了了解"性"是怎么一回事，还是为了身体的愉悦？或者，是为了爱？

一

如果你是坚定地认为"我的身体我做主，我愿意只是为了好奇或身体的愉悦和别人发生性行为"的人，那么，我想说或者说我能说的不是很多。

因为，不知道以后你的观念会不会改变，至少在当前，你属于那部分认为"性"只是"性"，只是一种器官愉悦的人。你的人生态度，决定你的行为，如果一定要我说什么的话，我想说的是："想好了，别后悔。"

因为刚才我已经说过了，这世界上还有另一种人，在他们看来，纯粹的性行为不能带给他们真正的满足。如果将来你遇到的真命天子恰恰是这一类人，那么，你俩之间很可能会产生冲突，你们的关系能否顺利发展下去会很成问题。

我赞成的关系是感情和性的统一。我认为，最美好的性行为只可能发生在彼此相爱的关系中。在这种关系中，你们彼此珍爱、彼此呵护。你们发自内心地想给对方愉悦，也接受对方给予的一切。

你看到他/她为你沉醉的表情，从而更加沉醉。他/她看到你全心全意信任他/她、接受他/她的姿态，从而对你更加疼惜。你俩在相互给予中也相互得到。在这样的关系中，你自然而放松，你相信他/她爱你、倾慕你，你的一切他/她都是接受的。你不会因胡思乱想"我这样表现会不会不够好"而分散你对性事的投入、减损你的感受，而他/她也同样因为看到你对他/她的爱而更加兴奋、更加自信，同时更加享受这个过程。你们不仅爱彼此的内在，也爱彼此的身体。即使在这过程中出些小小的差错，你们也会把它当作日后彼此调侃、惹人开怀的小插曲。我想，这样和相爱的人在一起，彼此注视，彼此抚摸，彼此亲近地进行情感和身体的双重交融，才是性行为中最理想的境界。

如果性行为和爱无关，也不是治疗的需要，仅仅是为了进行性本身而进行性行为，通常的结果是在性行为结束后怅然若失。如果你是个需要感情滋润而且感情也比较丰富的人的话，更是如此。还有，尽管很多时候，发生性行为的双方都认为他们可以就事论事，只把性局限在性上，但是，有时候随着关系的发展，双方会发现他们可能想要得到更多的东西。

因此，如果你只是为了好奇或身体的愉悦而考虑和人发生性行为的话，我想对你说的就是"请想好所有可能的后果"。

你能确定你是一个可以把"性"和"爱"完全分离的人吗？假如你不是，却以为自己是，遇到对方却是个真能把这两者分开的人，你的悲惨结局可想而知。

有些年轻人雄心勃勃，认为对自己有足够的了解和控制力，完全不会在性的方面出问题，对此我想说的是："如果事实真是那样，地球早就按照人类的意志进行运转了。"

美国杜克大学行为经济学教授丹·艾瑞里曾经主持过一项研究，研究性冲动对年轻人做出理智判断的影响。研究人员以麻省理工学院的数十位研究生来做这项实验的"小白鼠"。

在实验初期，研究人员在诸如咖啡店之类的随意场合给这些"小白鼠"们分别发放了一些问卷，了解他们对于性的态度，比如："在某种情况下是不是可以违背对方意愿发生性行为""对方发出以下哪种信号就表明自己不愿进行性行为""下列哪些性行为的方式是你不赞成的"等。

各位"小白鼠"们的答案正面积极、严谨负责。若干天后，这些"小白鼠"们分别被请到实验室中，并被安排在一个私密的、面对着一台可以播放视频、同时可以单手操作电脑的狭小空间内，被要求在观看着色情视频的同时，再回答一遍与上次同样的问卷。

问卷结果和上一次的答案有了非常大的差异，这些精英"小白鼠"们对于性的态度就大大放宽松了，比如：他们不再认为需要在性交的过程中全程带套；可能会接受自己之前坚决否定过的性方式；甚至可能会认为即使对方表现出了一定程度的拒绝，自己也依旧可以继续坚持自己的性要求。

不要高估理智的强大，不要低估欲望的力量，在你决定要进行性行为前，请先确定好，你究竟想从中得到的是什么？是"性"还是"爱"，还是其他别的什么？如果性行为后，事情的发展超出你的预期，你到底能不能承担得了所有相关的后果？

二

比起为了"好奇"而和某人发生性行为来说，为了"爱"而决定和对方发生性行为，听起来是个不错的理由。但是，在你要行动之前，我想问的是："你确定你的动机真的是爱，而不是别的什么吗？"

一起来看看下面这封信：

"我最近认识了一个人，这个人的信息来源比较靠谱，是在我常去的一个论坛上（不是征婚网站）认识的。这个人在那里贴出征婚帖子好久了。据他帖子里的叙述，他是搞金融的，985学校毕业的硕士，工作比较忙，为人很踏实，他想找个能顾家、性格好的女生，其他没什么要求。我自己的条件虽然不如他好，但也不是太差。我是211工程学校的硕士。论坛里一位算是师兄的朋友为我俩牵了个线。我俩聊了一段时间。

在聊天中他告诉我他很忙，经常世界各地到处飞。我感觉他确实也是这样的，很多时间他都不在线。但我觉得这很不错，我喜欢工作认真踏实的男人。

半个月后我们约着见了一面，就在我们单位附近的一家咖啡厅里，我等了他半个小时他才到。他行色匆匆，打扮也很随意。从他的打扮上，看不出他像他自己说得那么成功，但是我也告诉自己，很多成功人士打扮得比平常人还朴素也是有的。我们大概谈了一个多小时，他都没叫任何饮料，谈话的内容也大多是他在主导，基本上就是他有多忙多忙什么的。一个小时后，他说他还有工作，匆匆走了。

后来我俩再次联系时，他说他去香港出差了，然后问我，等这次他回来，能不能去和他开个房。我问他为什么，他说想借此看看我是不是真诚。

我觉得目前和他发生性关系为时尚早，而且真诚必须要用性行为来表示吗？于是拒绝了他。但在我拒绝他这个要求后，他明显变得对我冷淡了。我于是又开始犹豫，担心失去这么出色的人。我该怎么办呢，是不是要答应他？"

你们在生活中会不会也像这位姑娘一样遇到类似的问题？大致就是"他想要和我发生关系，而我还没准备好；但我又担心，不满足他的话会失去他"这样的问题？

遇到这种问题该怎么办呢?在回答这个问题之前,我想先问几个问题:

第一,你认为,和对方发生了性行为就一定能维系住这段关系吗?

第二,你认为,如果不和对方发生性行为就一定会失去这个男人吗?

第三,是什么原因让你这么想留住这个男人?甚至不惜考虑去做自己不情愿的事情?你想没想过,他到底是哪儿这么吸引你?

想好了吗?如果你已经想好了,那我们来对比一下答案:

第一,和一个男人发生性行为后就一定能维系这段关系吗?

我的回答是:"不是。"

假如只是靠和别人发生性行为就能得到一段稳定关系的话,那些同居后又分手的情侣,以及那些结婚后又离婚的夫妻算是怎么回事?

第二,不和对方发生性行为就一定会失去一个男人吗?

我的回答是:"不一定。"

如果一个男人和你发展关系只是为了性,那么,当你不肯答应他发生性行为的要求时,他当然会就离你而去;但如果一个男人和你发展关系不仅仅是为了性,那么,当你不肯答应他发生性行为的要求时,他未必会离你而去。

我想问的是,你是想得到一个仅仅是为了性才想和你在一起的男人吗?如果不是的话,那么,当一个男人表现出和你在一起仅仅是为了"性"的时候,你还拼命要和他维持这段关系,原因是什么?

第三,是什么原因让你这么想留住这个男人?甚至不惜考虑去做自己不情愿的事情?你想没想过,他到底是哪儿这么吸引你?

有的姑娘回答可能会是"为了爱"。那么我想问,是谁爱谁?

是这个男人爱这个姑娘,还是这个姑娘爱这个男人?

在我看起来，如果是信中写的这种情况的话，促使这个姑娘想发生性行为的原因和爱没什么大关系，吸引她的更可能是这个男人"很好的各方面的条件"！

一个只见过一面，见面谈了不到一小时，而见面前也只聊过半个月的男人，每次谈话时间没多久，每次谈话都没有蹦出火花的男人，能和她产生什么样的感情？这样的两个人如果发生性行为，与"爱"何关？

看看这个姑娘的疑问，问了半天，问的都是产出与回报的概率，这里面，哪里有一点点感情的色彩？反而是她反反复复提及和强调的，诸如"搞金融的、985学校、硕士、为人很踏实"等这些"很好的条件"，恐怕这才是让她昏了头，昏到了考虑去做自己不情愿做的事来留住这个男人的原因。

可是，即使这位姑娘真"舍身"了，她就能得到自己想要的吗？从这位姑娘的描述上来看，一定不能！为什么？看看她接触的这个男人的所作所为吧。

他们见面后，坐在咖啡厅里聊了近一个小时，连杯咖啡都不点，这样的男人，就算他物质条件再好（假如是真的），不给她花半毛钱，条件好又和她有什么关系？如果他物质条件真的如他所说的这么好，但就是不愿意花在约会的女孩子身上，那么这些条件就是他为了引诱像这个姑娘那样用物质条件来评价男人的"鱼儿"们上钩，以实现免费"打炮"目标的诱饵。更何况还存在另一种可能，那就是他所描述的一切都只是他吹嘘出来的！

恕我直言，如果一个男人对一个女人的需求仅止于"性"，而且需要这个女人用和他发生"性关系"来表明自己的"真诚"的话，这份关系早结束一天早好一天，因为这份关系里没有可以维持与发展的内在生命力。

即使这位姑娘不是为了这个男人描述出来的种种条件，而只是为了不失去和他继续交往的机会而决定和他发生性行为的话，我也不认为这是"爱"。

你可以说，这是为了交换，也可以说，这是为了控制，或者就是为了换取那个男人留在身边，为了那个男人身上"鸡肋"般的价值。

如果不是"爱"的话，就不要打着"爱"的旗号了吧；不必假借"爱"的名义行"非爱"之事，欺骗了旁观者倒是没什么，最重要的是，你在欺骗自己。

三

那么，"如果我在性上满足不了他，他去找别人怎么办"？

有关这个问题，让我想起很久之前我的一位年轻女性朋友来向我进行的讨教。

这位朋友告诉我说，她正交往着一个男朋友，他俩在性方面遇到些问题。

女性朋友说："他可能是有些阳痿，他总说我，说需要我主动些，比如风骚些或做些什么来激发他。我知道你处理过这方面的情况，所以想问问你，我该怎么做。"

我问她："你和他相处到什么程度了？计划结婚吗？"

她说："我还没想好。对我来说，他各方面大概都 60 分吧。"

听到这个回答后，我拒绝回答她的问题。这让她很气愤，认为我不愿意帮助他。

那个时候的我年轻气盛，我告诉她，我确实不愿意按她的要求来帮助她，而且我也很气愤。我对她说："在我看来，性爱必须是感情到位后顺理成章的事情，除非你俩彼此相爱，否则，这种仅仅是为了满足男人的欲望而进行的性技巧的讨教，对我来说是种侮辱。这是我不能胜任的事，也是让我最反感的事情！虽然我是个心理咨询师，我了解人们有关性和爱方面有些问题的原因，我也知道相应的解决办法，但是，我还是个女人！我不想看到女人在不被爱、自己也并非全身心爱对方的前提下，去迎合对方的性要求！"

我认为，一个爱自己的伴侣、想和自己的伴侣认真经营关系的男人，在遇到性的问题的时候，他首先考虑的，会是他自己哪里做得不好，然后试着去寻求解决办法；其次才会说出他对伴侣的期望，希望得到伴侣的配合；而不是将双方不能顺利进行性行为的责任全部推卸到女方身上，并对女方的床上行为表现出诸多抱怨。

当我向这位朋友指出这点时，她不以为然地说："啊，他就是那样，所以我说他很多方面有些孩子气。"

我这位朋友的回答，让我当时几乎想跳起来把她赶出我的房间！因为她这种当仁不让地承担对方的指责，认为自己确实需要为这种局面负责的想法让我怒不可遏。我会认为，她那位男朋友是在侮辱女性，而她自己，却对他的侮辱认为是理所当然。如果对方算是敌人，那我这位朋友就是个叛徒！我会认为：有些男性看轻我们也就算了；身为女性，自己看轻自己，是可忍孰不可忍！正是因为女性自己不肯维护自己的权益，所以这个世界上那些患直男癌的男人才越来越多！

然而，时间过去了这么久，如果是我的朋友现在来和我讨教这个问题，我虽然仍然不会立刻告诉她该怎么做，却不再会那样对待她了。我会发自心底地给她一个大大的拥抱，然后告诉她："看起来，你太缺爱了，以至于要这样忍着不被尊重的感觉去讨好对方。"然后我要告诉她，这样的性，没有意义。这样的性，即使满足了对方生理上的需求，也依旧无法建立彼此心灵上的联系。

在爱别人之前，我们需要先学会爱自己。

如果你连自己都不会爱，就不会懂得什么才叫尊重、平等、爱护、自由。如果自己不懂得这些，就无法保证能让对方给予自己这样的体会！

只有在爱的前提下，才能有心满意足的性。我们爱眼前这个人，所以我们才愿意去了解他的身体、了解他的心理。我们愿意去接触他，去探索他身上敏感的地带，去探索能为他带来兴奋的方式。因为爱，我会虚心讨教，我会耐心温柔，我会主动配合，我会体贴备至。我会霸道如女王，我会娇羞如处子，我会半遮半掩如妖媚入骨的精灵，我还会欲迎又拒地扮演"被迫"欢爱的"无辜羔羊"。

这一切的前提是：我们在和对方相处的过程中感到了愉悦。因为你愉悦了我，所以，我也愿意让你愉悦！而一个各方面在女孩子心里都只有60分的男人，哪里能促发出女孩子这种不顾一切去给他欢愉的愿望呢？

没有动力，何来效果？这时候讨教性爱的技巧有什么意义？

所以，如果你，也像我这位朋友这样，担心满足不了男性的性需求就会被嫌弃的话，我首先建议你的不是什么讨教、学习性技巧，也不是担心什么"他要去找别人怎么办"，而是先要调整自己的心态，直到把心态调整到"我是个值得别人尊重、值得别人认真对待的人"的程度上，再来谈恋爱、谈性这回事会比较合适。

四

我们对性的态度，都是受到环境影响的，很多姑娘之所以对性的问题忧心忡忡，和市面上盛行的某些论调不无关系。

在很多书中，很多教导人"两性相处之道"的文章里，都极力渲染和谐的性关系对两性关系的重要作用，渲染的程度几乎要达到"只要你俩的性关系和谐，那感情就没什么大问题；只要你床上技术好，这个男人就无法离开你"的荒唐地步。在这样的渲染下，很多人，无论是男性还是女性，都惶惶不可终日地担心着自己的性能力，或者是致力于改善性能力，以达到维持婚恋关系的目的。

但是，实际上呢？实际上，性确实很重要，但是，也没那样重要。在婚恋关系中，性，只是一个组成部分。

我见到过一些夫妻，虽然性生活很贫乏，丈夫虽然在意这方面，但是依旧能和妻子亲密忠诚地一起生活二十多年，也准备继续生活下去，即使性方面无法得到改善。

我也见到过这样的男女关系：虽然双方都承认和对方的性生活很棒，但是男方仍然不断在外面召妓，女方也不断和别人出轨。

我向我的男性来访者调查过他们会不会因为"性"而爱上一个女人，真实的答案是"那是两回事"，尤其是将"性"和"婚姻"进行联系的时候。而我的女性来访者们，更是鲜有将"性满足"排列在婚姻必备条件中的人。

性爱的和谐，在爱情的产生或维持中，自然有一定的作用，但是，它绝不是爱情制胜的法宝，也不是长期的爱意维持单独凭借的东西。甚至，在没有真正的爱的前提下，就将"性技巧"运用在维持双方亲密关系的努力中，对二人的生活非但不能起建设作用，可能还会起破坏作用。

看一个相关的例子吧。

王杰克和刘莉莉在一次相亲会上相识，因为彼此都比较着急走向婚姻，在见过几次面、相互感觉不错后，就发生了性关系。王杰克承认，自己和刘莉莉之间的性事很和谐，他深深被这种感觉所吸引，刘莉莉也是一样。

可是，随着关系的推进，刘莉莉对王杰克的占有欲越来越强，她嫉妒他和任何异性的往来，她会不分场合地频繁给王杰克打电话，确认他的行踪，并且在得知他和其他女性接触时就会大发雷霆。虽然每次发作完，刘莉莉都很后悔，他们也会以一场性爱来做弥补，然而王杰克越来越觉得自己正在失去自由，好像要被紧缚得喘不过气来。

王杰克想脱离这段关系，可是他又被两个人之间的性关系所吸引，难以摆脱。刘莉莉很快觉察到了这点，她也利用这点，在感觉到王杰克的冷落时，就送上自己的身体。

王杰克觉得自己好像陷入了一个捕兽的陷阱中，无力摆脱。同时，刘莉莉也并不觉得自己很幸福，这段关系让他们两个人都觉得精疲力竭，心力交瘁，却又不知如何摆脱。

当你看到王杰克和刘莉莉的故事时，你的感觉是什么？这是你想要追求的婚恋模式吗？你愿不愿意进入这样的关系？

正是因为"性的满足"是让我们大家都很难抗拒的事，是容易让我们丧失理智判断的事，所以，我们才更要在这上面慎重。在维持婚恋关系上，将"性"的重要性放大到无与伦比的地步，会成为影响自己未来幸福生活的自欺欺人的做法。

为了你未来婚恋的幸福，你愿不愿意在"性"的问题上放慢脚步，好好地看清楚自己，也看清楚对方，下定了相爱的决心后，再进行这件事？

五

有关什么时候发生性行为这件事，根据我们上面所讨论的内容，我的建议是，如果你想进行一次不给自己带来遗憾的性行为，你进行它的最好时机就是：当你确定你要做的事，是你自己想要做的时候——是你自己想，而不是为了寻求什么人的肯定，也不是为了怕被什么人离弃，不是为了让别人高兴，而是为了让自己开心。而且，你这份开心，是真真正正的开心，而不是因为想借此纾解心中的烦恼，比如被上司骂、被恋人甩、为了报复什么人，或者为了通过这件事得到金钱、物质或对面这个人的爱恋。

你要记住，你要的是愉悦，而不是去复仇或卖身！

你要进行性行为，只是为了性；除了"性"之外，别无他求。

如果你实在难以分辨你要做的这件事到底是不是为了自己、是不是心甘情愿，你不如进行一下这样的设想，那就是："当我和他做完这件事后，明天他就从这世界上完全消失了，什么都不会留下，哪怕一句问候、一分硬币，都不会留给我，我会不会后悔？"

如果你的答案是："是，我愿意，我不后悔"，那么，我想你可以试着去享受一场性爱了。但如果你有一星半点的不甘和犹豫，我建议你暂缓和对方上床的步伐。

我向你保证，当你还没做好准备的时候，你不会因为不和对方上床而失去任何宝贵的东西。你失去的最多是一个不爱你、你也不够爱他的男人。

而爱你的人，绝不会仅仅因为这一件事而责难你，他会尊重你、等待你做好准备。

那么，如果你不是出于满足自己的动机，只是为了别人而勉强进行性行为，会有什么后果呢？

我们来看两个例子。

吴兰兰，在男朋友的要求下，勉为其难地和男朋友的朋友发生了性行

第四章 | 性

为，在她看来，这是为了爱。这是她为讨男朋友的欢心而作的牺牲，她以为她这样的"顺从"会让男朋友更喜欢她，结果不久后男朋友提出分手，她无法接受，疯了似地哭诉："我都为你做那些事了，你竟然还要和我分手！"可是男朋友的回答很冷血："我又没有绑着你，是你自己愿意的！"

于金凤和男友之间一直磕磕绊绊、矛盾不断，她并不是十分满意这样的关系，但是也没有决心中断。后来她男友做了决断，提出和她分手，她感到不可思议，愤怒地质问男友："你都要和我分手了，为什么昨晚还和我上床?！"

你看看，分手这件事本来已经够让人伤心了，可是，当你在分手的时候想起从前那些性事，并为之感到屈辱的时候，就会让你的分手更加撕心裂肺。

从分手这件事推而广之，别的事也是一样的。做某件事的时候，请你确定就是为了做这件事，而不是为了它的附加值。我们能控制的只有自己，控制不了别人。

请记住，为了不让自己日后有任何懊悔，在你准备发生性行为前，请反复确定自己的心意，确保你是真的乐意、你是为了你自己。

关于什么时候发生性行为这个问题，还需要提醒一下大家的是，在和对方第一次见面的时候，不管你对他/她有多心动，最好不要放任自己的欲望，直接向对方进行性暗示，或者干脆扑上去和对方亲吻。

不管你是男性还是女性，如果你和对方交往的目的是为了长期的发展，那么在第一次见面的时候就向对方进行性方面的暗示，甚至发生性行为，通常会让对方对你产生不良的评价。

或许，在第一次见面前，你俩已经网恋多年，对彼此的工作、家庭、性格、为人都有所了解，而且你们的朋友、家人也已经知道了彼此的存在，并且已经知道你们准备走向婚姻，那么，在这种前提下，当你俩在现实生活中第一次碰面的时候，热吻才不是那样突兀的表现。

如果你准备发生性行为的对象是你的相亲对象，是你未来走入婚姻的人选，那么，将发生性行为的时机留在对这个人有了充分的了解，确实感到情投意合，已经商定了婚期，你俩都对这件事有意愿时，也许是合适的。而如果你和你婚恋的对象都认为只有婚后发生性行为才是可以接受的，你们不妨将发生性行为的时机留在婚后。

总之，关于决定"何时发生性行为"这件事，你可以参照这个标准："自己愿意，对方愿意，能承担发生之后带来的一切不在预料中的后果。"

如果你还拿不准，那么就别让它发生。

六

琳琳听完我的意见后，点了点头："朱老师，要是照这样说的话，我现在想想，感到并不后悔。"

"如果我以前勉为其难和杨平发生了关系的话，现在我可能会更后悔！"

"您说得对，性应该是情感发展到一定阶段自然而然发生的事；如果把它当做交换什么的手段，那就太没意思了！"

"不管交换的是钱、是物，还是别人的不离开，都脱离了为爱而行的本质。"

"我现在心里感到非常安慰。"

"那么，您说，杨平和那个女的，他俩是'约炮'认识的，这种关系能走向真爱吗？我知道他俩一开始肯定和爱不爱的没关系，可以后呢？"

琳琳问完后，又有些不好意思："嗯，我也知道我问这些问题挺没意思的，但我确实挺好奇。朱老师，您能说说您的看法吗?"

我回答："那得看大家各自对'真爱'这个词的含义怎么认定了。我认为，如果这个真爱的含义是指能持续发展的、将来可以走到阳光下、进入婚姻并良好运转的关系的话，'约炮'很难走向真爱。"

七

'约炮'很难走向真爱，就像垃圾场里很难刨出金子。或许专门分拣垃圾的人会偶尔在垃圾场里捡到被人不小心丢掉的金戒指、金耳环、金项链等东西，但那不会是常态。

如果一个人想拥有一件比较贵重的金首饰的话，一般的思维逻辑都会是去商场或专门的金饰店。那里面的金饰品都是明码标价、保质保量；如果买来后出问题，你是可以投诉、调换的。拿着这样的金饰品，你会一辈子珍惜。如果一个人去垃圾场寻找自己心目中的金首饰，你认为，他/她的理想实现的机会有多大？即使真能捡到，他/她对这件金饰品的珍惜程度能有多高？

当一个人决定去'约炮'的时候，至少可以反映出如下信息：他/她不认为，"性"的愉悦是感情亲密发展的自然结果；他/她不能控制生理上的冲动；他/她目前没有能力去承担或去认真经营维护一份让自己满意的关系。

就拿杨平来说吧，他有女朋友，他有性欲望，可是他和女友的关系不是很好，女友没做好和他发生性关系的准备。这个时候，一个心理比较成熟的人会采取的措施，可能是通过各种努力去改善目前的关系，使交往对方乐于和他继续发展这段关系，最后使性行为成为感情亲密的自然结果。或者，他也可以干脆结束这段无法让他满意的关系，然后再去开展一段新的彼此满意的关系。这样做的话，也可以实现性欲望的满足。但是，他选择的是在不结束目前关系的前提下去"约炮"，这就是想用一段不用负责的关系，来对他现有的关系进行弥补。这就像正餐没吃饱，路边随便买个零食来弥补一样。这说明，杨平不愿意为解决问题付出努力，他不能耐受一定程度的、为了解决问题而必须面对的痛苦。

一个用这种态度来生活的人，如果自己不成长和变化，能和什么样的人发展出"真爱"来？两个彼此都是这样态度的人遇到一起，产生"真爱"的可能性又有多大？

我不否认，这世上会有通过"约炮"走向婚姻的事例，但是是不是能结婚，并不能反映是不是能幸福；婚后各自的心理感受和婚姻的真实状况，才是幸福的真正指标。

现在有些年轻人，嘴里说着想谈一场靠谱的恋爱，但实际的行为却是整天和"约炮"人群进行网络交往，这样做岂不是南辕北辙吗？

八

和琳琳谈完"'约炮'很难发展成真爱"的话题后，我想起我遇到的一些年轻姑娘，因为轻易和异性发生性关系而造成身心受伤，忍不住还想多说一些话。

我希望，年轻的姑娘们能够学会保护自己。心理的成长，是需要时间的；在足够成熟之前，也许有些性行为还是会不可避免地发生，然而，不管你是出于什么原因决定和别人发生性行为，还是希望能把"受伤程度"限制在最低。所以，我建议大家一定要注意以下这些问题。

（一）你俩彼此身体是否健康

在当前这个通过性行为可以传播不少疾病的年代，我就不对这个问题多说了，想来各种后果你比我明白。即使不是艾滋病这个能夺取人生命的疾病，其他各种关于性的疾病也足以让人触目惊心。

对性的疾病缺乏了解的朋友们请自行去搜索"性病"。你只看图片即可，完全不必花精力去详细阅读各种文字说明。我相信那些鲜活的图片会给你留下深刻印象，让你准备去和别人发生性行为之前慎重考虑后果。

在这里我只奉劝你们一句话，"千万别抱侥幸心理"，因为如果那个"万分之一"轮到你，结果就是"万分之一万"。千万别让自己沦落到那种天天念叨"我本来以为……没想到就那么一次……"的"祥林嫂"式的悲惨境地。

（二）对方是否是个值得信任的人

确信对方是不是值得信任，绝对不能只靠他和你在一起时说的那些话。你需要了解他在生活中是一个怎样的人？他的工作情况怎么样？是不是个认真负责的人？他和朋友的关系怎么样？是不是一个宽容友善的人？

虽然他在其他方面好的表现并不一定能保证他对你的真诚（有的人确实很分裂），但是大部分情况下，人的行为是有惯性的，能反映他对生活的态度。他如果一向对工作认真负责，那么，他对自己的人生大致也不会是个马虎的态度；他如果对朋友宽容友善，那么对你也不会差得太厉害。

但是需要提醒的是：确认他值得信任和他是不是爱你是两回事。

这份确认，最多能保证的只是，这个人承诺你俩之间只是单纯的性关系,那就只是单纯的性关系,他日后不会因此敲诈或勒索你罢了,而并不能保证他和你发生性行为后就会爱上你,乃至愿意把你娶回家去。

(三) 你俩对这次要发生的事的心理定位是否一致

如果你把这次性行为当作和爱人情投意合的一次自然而然的行为,但对方只当作一次和"炮友"的"约炮"行为,或者把你当作自动送上门的食物,抱着不吃白不吃的心态,你想想事后你俩的关系会往哪个方向发展?

对方如果是个肯说实话的人固然好,但如果对方不说实话,如果在一次性行为之后,他还会再出现的话,你也可以通过以下几条标准来判断他/她对你俩关系的定位:

- 他是仅仅喜欢你的身材、外貌、学历、收入、衣着打扮,还是也喜欢你的其他一些特点,比如你的性格、你的品质,甚至你的一些小缺点。
- 无论他床上的表现有多好、在和你见面的时候对你有多贴心,在你们发生性行为之后,他还出现吗?他是依旧愿意和你分享生命里的点点滴滴,还是除了性行为,并不愿意再和你有什么其他的联系?
- 他愿意把你俩的关系拿到太阳底下来吗?愿意把你引荐给自己的朋友或家人,让他们知道他的生活里还有你这样一个人吗?
- 如果你俩偶尔谈及未来,他有所回应吗?如果他有的话,他对你俩关系的设想,是只停留在"浪漫"的层面,还是真的愿意让这段关系接受"现实"的考验?

了解这些问题,并不是为了判断谁对谁错,而是为了让你们彼此清楚这份关系在各自心中的定位。自然,随着交往,关系有可能朝你希望的方向发展,然而,也有可能没有发生你期望的进展。

你如果和对方对这次性行为的心理定位一致那当然没问题，但是，如果你是那个准备发展长久关系的人，而对方不是，那么，为了避免日后的受伤，你可能需要适时地停止这种关系。

（四）再次确定好，这确实是你发自内心想要做的事

不要在你觉得勉强和将就的时候发生性行为，无论那"勉强"的原因是什么，不论是为了自己还是为了对方。除非法律上认定的"强暴"，否则你和对方发生的性行为永远不是一种"牺牲"，不会有任何人认可你的这种"牺牲"，你也不会因此得到任何回报。

不要妄想用自己的不情愿交换任何东西，尤其别想着通过满足他的性欲而得到他的爱。你是那样想取悦他，为了得到他的爱而不顾一切，但是他会感动吗？不，他感到的是"这个女人毫无原则，她甚至没有自尊"，你认为一个男人会爱上这样一个可怜虫吗？

爱的基础首先是平等和尊重，你勉强自己满足对方的愿望，造成的结果只会是，这个男人从表面看是求之不得，但实际上却在心底轻视你；你无法通过这样的取悦得到你想要的尊重和爱护。

我们的身体是属于自己的，如果我们自愿放弃自己的权利，主动去屈从对方的愿望，那就是我们自己的选择，人需要为自己的选择负责。

而同时，一旦放弃了"自己"，也就是放弃了自我，那么我们吸引对方的特点也就不复存在。对方爱我们，正是因为我们是个有自我的人。没有自我了，成了个唯唯诺诺的应声虫，吸引力自然而然会消失。

你瞧，你以为你是为了维持关系而做的事，最后反而成了终止关系的极大助力。

（五）做好避孕措施

一场随时需要小心翼翼、为会不会受孕而担惊受怕的性事，绝对称不上是一场轻松愉快的性事，所以，请你事先准备好合适的避孕药具。

作为女性，尤其要注意避孕这件事，不要以为这是男方需要做的事。因为万一怀孕后，需要经受流产或可能的妇科感染，以及以后受孕机会减少等一系列相应痛苦的人只是你！

有些女孩子在不慎怀孕后，对男方诸多指责、抱怨，可是，即使对方没有拔脚溜掉，你的这些指责和抱怨又有什么用呢？你自己都不肯爱惜自己，不能对自己的身体负责，你又怎能责怪别人对它漫不经心呢？

请谨记，能对你身体负责的人，是你，也只有你自己。所以，遇到那些用各种花言巧语不肯采取避孕措施，甚至阻止你自行采取避孕措施的男人，你直接抬脚走人就是最好的选择。

目前对于避孕这方面的选择很多，可以是避孕药也可以是安全套。避孕药的种类有很多，事后紧急药、短效药、长效药等，如何选择符合自己情况的药物可询问医务人员。如果你和对方建立的是比较长期或频繁的性关系，建议不要用事后紧急药做相应处理，因为事后紧急避孕药对身体的损害太大了。在这种情况下，选用只需要每个月服用一次的长效避孕药，或者使用避孕套比较好。

另外，无论你和对方建立的是怎样的性关系，强烈不建议体外射精这种避孕方式，原因有三：第一，抽出的时机不好掌控；第二，为了掌控它，长期下来，也会对男方的身体造成影响；第三，精子不但存在于精液中，也会有一些逃跑到前列腺液中，男性兴奋的时候会分泌出大量前列腺液作为润滑，这时候虽没有射精，但是那些逃逸到前列腺液中的精子却已经进入了女性的身体，因此，体外射精并不是安全的避孕方式。

对女孩子我要再次强调：爱自己，请安全避孕！

（六）有关一些特殊性行为的注意事项

随着社会的开放程度日益增大，施虐与受虐（SM）这种好像是性游戏一样的行为方式逐渐进入了公众视野。

一般人对施虐和受虐的看法，要么认为它只是一种游戏，要么就认为它很变态。事实上，SM行为者并不是人们通常认识中的色情狂，恰恰相反，他们往往是一些性能力较低下的患者。可以设想一下，一般人在普通环境下就可以达到性兴奋，而SM行为者却在普通情况下无法兴奋，必须要借助特殊辅助条件才可以有性兴奋，这是对性敏感还是不敏感呢？

排除只是扮演角色的游戏不谈，如果某人属于SM人群，也就是说，他在正常的性行为中难以感到愉悦，必须进行这种方式的性行为才能获得满足——必须看到对方遭受痛苦才能使自己兴奋起来，或者必须忍受痛苦才能产生性兴奋的话，很可能，他对爱的情感是迟钝的；而他的童年，可能有些经历，让他混淆了"兴奋"与"痛苦"和"被爱"与"被虐"的感受。

一般来说，参与SM游戏的人群大部分都是童年依恋类型有问题的人。据统计，SM的参与者70%属于矛盾型依恋关系，也就是"你离开我，我痛苦；你接近我，我又不太情愿"的那种人。他们需要在一种可控制的状态才能放心地流露自己。

目前，社会对SM的态度已经比较宽松，我个人也并不认为严格意义上的SM是罪恶的事，但是，需要提醒的是，它确实是比较危险的性行为，而且会掩盖或导致很多罪恶的产生。

有些人参与SM只是为了好奇，并不了解它的内涵，也不能有效保护自己。还有些人并非真正的SM人士，却披着SM活动的外衣，欺骗侮辱女性。

对于一些真正需要SM才能解决自己生理需求的人来说，这些假借SM之名来进行罪恶活动的人，其实是不能容忍的，它们会降低外界对SM人士的评价，会让不明真相者将SM视作洪水猛兽，从而败坏本来就严峻的SM者的生存环境。

但是，即使是真正的SM活动，本身也存在着一定危险，有可能因为无法控制某些行为的程度而给受方带来危险，也有可能发生某些人由于害羞或怕被人非议而私下单独进行某些SM活动，因为发生误差，导致无法摆脱束缚乃至窒息死亡的恶劣后果。

此外，由于导致SM这些行为的是一些来自心理上的原因，所以，即使寻找到了合适的伙伴，能够定期进行满意的性活动，得到一时的满足，但那种满足也永远纾解不了心灵深处那种根源上的饥渴。

真诚的两性之间的爱与深刻的自我觉察能力，对于SM的解脱，有莫大的帮助作用，然而，确实不是每个人都能那样幸运。所以，如果愿意的话，我建议这方面倾向比较严重以至于已经对正常生活造成了困扰的人士去寻找适当的心理咨询师，寻找自己这种行为的可能原因，逐步调整自己的行为，争取将自己解放出来。

对于某些人士声称的SM是一种精致的消遣活动的看法，我持保留意见。

总之，无论是出于什么原因而进行性行为，"安全""安全""安全"是必须保障的前提，重要的事情说三遍。

（七）善待自己

如果这件事一定要发生的话，请尽最大努力，将它变得安全美好吧。

比如，是选择在四处漏风、几十块钱的小旅馆，有着可疑污渍床单的房间里，进行这样一次身体的接触？还是在一个有着美丽鲜花、温暖灯光、干净整洁卧具的地方度过一个难忘的夜晚？

不管你是不是第一次，如果你不想在日后感到羞耻和痛苦，请善待你自己。

第五章
只有"白富美",才能得到爱情吗

听完我对性的问题的解读后,琳琳坐在我面前,陷入了深思。过了一会儿,她又问道:"我还有一个问题,就是有关'外貌协会'的。我承认,虽然我自己长得不是很好看,但是,我确实喜欢长得好看的男生,那么,男生是不是也是一样的,他们也喜欢长得好看的女生?"

"如果大家都是这样,每个人都是'外貌协会'的,那最后大家还能找到真正的爱情吗?"

"还有,杨平和我之间,一直还存在着另一个问题,就是他家里条件是比较好的,在当地算有头有脸,而我的家境是比较普通的。我也想过,这会不会是造成我俩差距的原因?"

"如果是的话,那是不是说,杨平一直对我也是不满意的?他想要得到的,应该是一个'白富美'?我是因为不够'白富美'而失去了他?"

我看着坐在我面前的琳琳,她衣着整洁、五官端正、明朗大方,虽然因为感情的纠葛而神情憔悴,但依旧不失为一位有吸引力的年轻女性;无论如何也不会被过路群众归入她自认的"长得不是很好看"的行列中去。

看起来,在琳琳内心深处,对她自我价值的评定,存在着不少问题。但我也明白,现在我对琳琳反复去讲"你长得挺漂亮啊"之类的话是没用的,她只会认为我是在安慰她。一个人对自己根深蒂固、长期持有的看法，是不会因为别人的几句话而改变的。所以，我只是给琳琳讲了讲我对美貌的看法。

一

我同意，外表漂亮在择偶中确实起着很大作用。无论是男人还是女人，都喜欢"美貌"的对方，"美貌"尤其对男人有吸引作用。科学家对大脑的研究支持这个说法。

美国科学家海伦·费舍尔带领的科研组利用最新的大脑扫描技术——功能核磁共振成像（fMRI），专门记录了那些恋爱中的男人和女人的大脑活动，发现了一些规律性的现象。其中，研究者对一组21~35岁的异性恋男性进行研究，让他们观看女性照片，同时对他们的大脑反应进行检测观察，结果发现，当看到美丽的女性面孔时，这些男人大脑的腹侧被盖区无一例外地产生了激活反应，会"亮起来"。可是在女性看到喜欢的男子照片时，她们脑部亮起来的是其他一些区域。

腹侧被盖区里蕴含着一种名叫"多巴胺"的神经递质，这种神经递质的作用是提供精力、增强欣快感、聚焦注意力和去赢得奖赏的动机；也就是说，男人看见"美女"时就会在大脑的指挥下，忍不住去追求。社会学调查也支持这个结论。

《社交网络学到的十堂经济学课》的作者保罗·欧耶尔在他的书中提到，OkCupid网站（美国一家交友网站）自行分析站内资料，研究个人魅力与信件数量的关系，发现"性感的女性收到的信件为相貌普通者的4倍，为丑女的25倍"。

李秀亨（Soo Hyung lee）对韩国交友网站上的情侣进行追踪，发现对一般男人来说，相貌普通的女人如果想要和绝色美女具有同样的魅力度，每年得多赚 15 万美元才行！而女性在恋爱的时候，对"美貌"的男性也比对不"美貌"的男性关注度更高，那些"美貌"的男子比不"美貌"的男子初次性生活的年龄会早 4 年，有机会拥有更多的性伴侣。在李秀亨的研究里，对一般韩国女性来说，一个长相普通的男子，每年需要多赚 4.4 万美金，其魅力才比得上脸庞极为帅气的男子。

看，外貌的美丽不但可以吸引人，甚至可以用金钱来"衡量"呢！既然美貌这么有价值，那么，什么样的外貌可以被称为"美貌"呢？科学家们对这个也做了研究。

结果发现：在不同的脸型、发型、五官的位置、头发的颜色、衣着的修饰等遮掩下，吸引人们注意的主要是"对称性与黄金分割的比例"，既包括面部特征，也包括身材留给人的印象。

那么，又是什么原因会让人们在意这些特点，而不是其他特点呢？是因为，具备着这样特点的人，可能具有更健康的身体和更强的繁衍能力。也就是说，在很久很久之前，具备这样对称性和黄金分割比例的外形特点的人类，所孕育的子孙相对较多、较健康，在恶劣的自然环境中得到了更多的生存机会，因此，以生存为第一要务的人类，默认了具备这样特点的人，是要被"挑选"和"保留"的，久而久之，这些特点就成了"美貌"的标准。

因此，喜欢美貌，是人的本能；不仅是人类的本能，而且是所有生物的本能。

不过，时代在不断发生变化，也许随着社会环境的变化，人类对繁衍后代的需求可能会下降，那么，也许在不久的将来，人们衡量美貌的标准也会发生改变。再加上对情感需求的考虑，或许有一天，人类能够用理智的头脑克服对原始"美貌"的追求冲动。

另外，科学研究表明，"美貌"不是决定婚恋幸福度的最重要因素。数据显示，只有当一名普通男子娶到一位颜值远远高于他自己的美貌妻子后，他感受到的幸福度才会比较高。除了这种情况之外，无论是男子的伴侣颜值与自己相当，还是女子嫁给了一位高颜值的丈夫，他们在婚姻中感受到的幸福度，都不会因对方颜值的绝对值高而增高。

二

说完了美貌，我们再来看看"富"的问题吧。

海伦·费舍尔的研究组还发现，当女性凝视她们中意的男性照片时，她们大脑中活跃的区域是尾状核和隔膜。这两个解剖部位与动机和注意力有关。隔膜区域部分还和情感过程相关。另外，女性脑部还有另外一些区域也显示出活动迹象，这些区域的功能包括：检索、回溯、注意力与情感过程。那么，这些脑部的活动意味着什么？

想想女性为了生育和抚养后代所需付出的努力吧。

从怀胎九月，到伴随着生命危险的生产，再到抚养婴儿，直至这个婴儿终于长大成人离开母亲，这整个过程对于一个女性来说，要单独完成是十分艰难的，她非常需要伴侣的支持。

因此，女性必须通过恰当的择偶，保证自己在这个过程中得到足够的保护和物质供给。所以，当一个女性要选择伴侣的时候，她大脑中所做的反应就是将面前的男性行为表现上的细节和相关情感进行对比，评估眼前的男人能对自己提供持续保障的"能力"。

美国有项社会调查显示，希望伴侣能提供经济保障的女性数量是有同样希望的男性的两倍，即使是那些收入丰厚、完全供给得起自己各种物质需要的女性，在这方面，也依旧抱有同样的愿望。

世界各地的妇女都更容易被有教育背景、雄心、财富、地位的男性所吸引，她们也容易被高大、坚定、态度从容、聪明、强壮、协调性好的男性所吸引，我们可以看到，能吸引她们的这些男性需要具备的特点，都和几百万年前保证战斗和狩猎胜利的男性特点有关，显然，和这样的男人在一起，女性更容易抚养后代长大。所以，如果一位女性会在婚恋中考虑物质的问题，这并不意味着她是"拜金主义"者，而是繁衍后代的工作使她遗传了人类种族生存的本能。女性的"拜金"，就相当于男性对"美貌"的神魂颠倒。

但是，如果一名男子，也以对方的"富"来做择偶标准的话，这就需要好好思考一下了。因为，他这个需求满足的时候，虽然肯定也会观察到大脑相关区域的活跃，但是这个区域属不属于与"爱情"相关的区域？而你想得到的，到底是一个男人名义上和你的婚恋关系，还是他发自内心的、由大脑本能反应决定的对你的"心迷神醉"？

如果你想得到的是一个男人对你的心迷神醉，而不只是名义上的婚恋关系，那么，你似乎不必太注意自己的"富"对这个男人的吸引力；甚至，你可能还需要防范自己的"富"对一个男人的吸引力。

阿加莎·克里斯蒂的小说《尼罗河上的惨案》描写的恰恰就是这样一个故事：一名男子看中了一位年轻女继承人的财富，然后设计把她先娶到手，最后杀害了。虽然这只是个小说，不过能引发思考。

总结一下吧，脑部扫描证明：金钱可以激发出女性对男性的迷恋；但能不能激发出男人对女人的迷恋，还需要进一步研究和验证。

三

既然无论男女都喜欢外貌好看的人，但是，对"美貌"的追求和寻找真正的爱情，到底有没有冲突？

在做出结论前，我提醒大家注意以下事实。

事实一：人们固然喜欢看美貌的人，但是在选择配偶的时候，却不会仅仅按对方"美貌"程度来决定。

人们对美貌的欣赏是一回事，当选择人生伴侣的时候，考虑的却是另一回事。很少有人会仅凭供选择对象的美貌程度高低来决定终身伴侣，而是要考虑自己和对方的综合条件。

即使是唯美貌是图的男人，当他自己不那么貌美、经济实力也一般的时候，如果他头脑清醒的话，当世界选美小姐主动愿意委身于他的时候，他虽然愿意接受一夜风流这样的美事，但也会在决定是否要缔结终身姻缘上考虑再三的。

为什么？因为对于婚恋这件事来说，人们还是希望能稳定、持久。对于持久的爱恋或婚姻来说，"美貌"只是个开始。

婚姻有些像企业的经营，对企业的老板来说，员工是否美貌只是一个附加值，在有人来找工作的时候，美貌至多只是块儿敲门砖。

你可以设想一下，如果你是老板，你挑选员工的准则是什么？

是"哪个人才能为我创造最大的效益"，还是"哪个人最好看"呢？

外表美好的人固然能得到我们格外的注意和好感，然而如果事实证明他/她的实际工作能力一塌糊涂，即使你已经聘用了他/她，考虑到你企业的长远发展，你是不是最终还会忍痛割爱，去寻找真正有能力的人？

婚姻和爱情也是一样的。

当人们考虑到两个人要相伴一生的时候，就会考虑很多因素。

固然"容貌是否美丽"是男人们在意的重要因素，但是，只要这个男人是个对自己的人生负责任的男人，他在考虑婚姻的时候，就不会仅仅拿"容貌"来做取舍标准。

假如有个姑娘长得确实就像天仙，但是如果她一张嘴就是满口脏话，脾气极为刁蛮，在相处中处处挑剔，样样都得按她的想法来，而她的想法又一会儿一变，你觉得哪个男士能忍受她一辈子？

如果有个姑娘长得确实像天仙，但是在私生活上极不检点，同时和多个男人密切交往，你觉得哪位男士乐于把她娶回家去？

如果有个姑娘长得确实像天仙，但是她凡事算计蝇头小利，闲来无事就是打麻将、打游戏，每天在你耳朵边唠叨的就是东家长、西家短，说到你的亲人，也尽是些你爸爸妈妈怎么不够体贴、怎么给她脸色看了，你兄弟姐妹怎么不顾她的感受、欺负她了，这样的女人，你觉得适合做你孩子的母亲吗？

也许确实会有些男士只注意美貌，其余一切都不考虑；但是，一位对自己人生和婚姻负责任的男士，在考虑选择谁做自己终身伴侣的时候，会做怎样的决定？作为一名女性，你想选择作为自己终身伴侣的，是只在乎美貌的男人，还是对人生深思熟虑的男人？

美貌是会变化的。假使你现在以"美貌"取胜了，他再遇到更美貌的呢？美貌就像张包装纸，会吸引人的注意；但长期的相处，靠的还是包装纸里面的东西。

所以，在我看来，姑娘们更需要考虑的是："我该选择'以什么样的标准决定未来伴侣的男士'作为我的男朋友"；而不是"我的外貌会不会不够好看，以至于让我错过心动的男生"。

事实二：仅仅是相貌和身材的好看，不等于"美"。

很多时候，人们会混淆"外貌好看"和"美"这两件事；但是，等到静下心来好好想一想，或者真正要做选择的时候，很多人就能把这两件事分清楚了。

平时走在街头的时候，我自己也很喜欢寻找美丽的人来欣赏。然而我发现：在二十多岁的人群中，常常能在不经意间就看到漂亮的面孔；可是等到了三五十岁，美好的面孔就不那样多了；而到了七八十岁的时候，可以称为美丽的人就更是稀罕了。

这是为什么呢？

固然时光对人的容貌有影响，但是，我也明白不同年龄阶段会有不同年龄阶段的美，真正会欣赏美的人并不会拿二十岁的标准去要求七十岁的老人。

到底是些什么，让美丽的人越来越少了呢？

为了搞清楚这个问题，我找了一些以前公认的美人的资料和照片来做研究和对比。最后，我发现，维持人美貌的是内在的品行和修养。打个比方来说吧，著名的宋氏三姐妹里，宋庆龄和宋美龄两个人都是公认的美人。然而，看她们年轻时的照片，如果仅仅就五官的艳丽程度来说，她们是比不上那些和她们同时代的电影明星的。可是，无论是在她俩的青春时代，还是在她俩年过七旬的时候，见过她们两个的人却几乎没有不被她俩的美所折服的。

这能说明什么问题？是不是能说明，仅仅五官的艳丽，还称不上真正的美？

男人也是一样的。被并称为民国四大美男的汪精卫、周恩来、梅兰芳、张学良4人，你看看他们二十岁左右时的照片，再看看他们五十多岁时的照片；看看随着岁月的变迁，谁依旧是风采不变，犹胜昔年，谁又是风姿大减？

影响他们的是什么？是他们的胸怀，是他们的关注，是对家国山河的热爱、对人民疾苦的真诚关切，还是对个人得失的计较？

如果我们将胸怀缩小到每天只惦记着"街头卖给我烧饼的那个人是不是少找了我两毛钱？""上班的时候小王是不是在背后说了我两句坏话？""老张是不是抢了本该属于我的功劳？""谁今天给我少打了一个电话？"等诸如此类的事情，那么，我们本来美好的容颜，就会渐渐变得刻薄傲慢、尖酸局促。时间越长，这种心态越不改变，五官就会走形得就越来越厉害，到了一定的岁数后就会容颜尽失。

而当我们将心胸放大到乐于帮助他人、关心他人的疾苦上去的时候，我们的眉目、我们的气色、我们浑身从上到下的气质，就不可能不开朗疏阔。时日迁延，我们也就会越来越美。

大家见过寺庙里供奉的佛祖像和菩萨像或者是西方宗教里敬仰的神像吧？它们美不美？它们的美是来自于五官的艳丽吗？

心怀慈悲，兼济天下，这才是最大的美，也是人类对美的终极追求。

古语云"相由心生"，在我看来，即使面部和身材没那么艳丽，但拥有着端正相貌和气质的人，心底也一定不会污浊到哪里去，我想，人类对爱人美好外形的追求，也会有对"美好外形代表美好内心"的潜在希望吧。

事实三：不同人眼里，"美貌"的标准不同。

明代著名文学家冯梦龙在他编纂的短篇小说集《情史》篇七卷中记录了一个名为《眇娼》的故事。故事中记叙道：有一位少了一只眼睛的妓女，贫穷得不能养活自己，于是和同伴一起去京师谋生，生活里遇到一位富家公子，对她一见钟情。把她带回家里好生对待，恩爱缠绵。他的同窗和朋友知道后都劝说他或笑话他，说："天底下还有那么多双目完好、长得漂亮的姑娘，你何必为这样一个人如此费心思呢？"

这位公子怫然作色，对来人说："你们都觉得两只眼睛的女人好看，可是在我看起来，我心爱的这位姑娘就是最美丽的，其他的那些女人都多余又长了一只眼睛！"

故事确实只是偶然，但从"偶然"中我们能看出什么？能看出的就是，不管你长成什么样，总会有一个人觉得你是美的，只要你符合了他的审美观。

不同人的审美观是不一样的。有些人会爱牡丹的富贵，而另一些人却会觉得牡丹长得太烦琐，倒是兰花简单清雅；有些人喜欢荷花的出淤泥而不染，另一些人却喜欢桂花的枝头香染；有些人喜欢梅花的傲霜斗雪，另一些人则喜欢芍药的妩媚风流。

虽然有时候大家对于审美有一定的共识，但是没有一个人的审美能代表了全天下的所有人。或许你会认为自己不如别的姑娘漂亮，但在喜欢你的那个人眼里却最漂亮。

你有没有仔细看过电视上的相亲节目？有没有发现，有些男嘉宾选完心动的女生后，我们看一看那位女生的照片，基本上就能判断出来他俩最后能不能牵手成功。

我印象最深的一次，是一位长得很有个人特点的男嘉宾，他一出场，我就立刻知道，他能配对成功，因为在场上，有一位长得几乎和他一模一样的女嘉宾。虽然在我的审美标准里，那位女嘉宾算不上漂亮，但是我绝对相信，在这位男嘉宾眼里，这位女嘉宾就是最美的，后来他俩果然牵手成功了。

这就是"夫妻相"的魔力！"夫妻相"的原理是什么呢？为什么我们会觉得那些和我们相像的人美丽？那是因为，无论我们理性上怎么认识，但我们的心里面，认为天下最美的人只有一个，那就是"我们自己"。

你天天看镜子看到自己，你对自己的长相熟悉到了深深印在心底的地步，因此，当你乍一看见和你长得相像的人的时候，你就会情不自禁觉得他或她亲切、熟悉，长得漂亮。

所以啊，你长得好看不好看，完全不必自己来判断，把这件事交给你喜欢的那个人去做吧。一般来说，你觉得长得好看的人，对方也会觉得你长得好看。毕竟，在你眼里，他和你相像；在他眼里，你又焉知他不会觉得你和他相像呢？

四

说完了我对"美貌"的看法后，琳琳思索了一会儿，然后她问我："您的意思是，人们对外貌的追求，实际上，是对一种美好心灵的渴望、一种对和自己相似的人的认同，以及一种源自生物繁衍本能的行为？尽管人们可能并没有意识到"

我点点头，肯定道："你总结得很好。"

"但是如果一个人只单纯依靠外貌的因素来寻找伴侣，那么这个人是否值得被当作伴侣就很需要考虑了，是吗？"琳琳继续总结。

我点头。

"有时候，对一名女性来说，富有可能带来的不是爱情而是伤害。"琳琳说。

"嗯。"我继续点头。

琳琳沉默了一会儿，然后她也点点头道："是的，如果一个人仅仅是因为我是个'白富美'才来爱我，那他的爱情对我而言，也太没有意义了。"

说完这些话后，琳琳深吸了一口气，对我说道："朱老师，谢谢您，您对我讲的这些，我回去再好好消化消化，我们下次见。"

第六章
能不能不吵架

琳琳再次来找我的时候，没上次那么伤心了，但是这次她很愤怒。一进门她就问我："朱老师，为什么有些人就那么喜欢吵架呢？为什么他们就是不能心平气和地谈话？"

原来，琳琳又和杨平吵架了。

琳琳说："我最恨和人吵架了！人生本来就很短暂，我就搞不明白为什么有些人就是不能珍惜两个人在一起的时光。有话不能好好说，一定要吵架吗？我从前觉得和杨平没办法沟通，很多时候根本不想和他说话，也和这个原因有关。就是因为他对吵架这件事根本不在乎！一言不合就和我开吵，根本就不管前因后果！哎呀，我一想到这个头就疼！"

"可是，朱老师，其他的人又是怎样的呢？是不是我要求过高了？"

"世界上到底有没有不吵架的情侣？"

"情侣之间到底能不能不吵架？"

听着琳琳连珠炮般的发问，让我想起曾经看到过的有关情侣之间吵架酿成不可挽回恶果的新闻：2017年1月的内蒙古，当时，一位在301国道上开车的司机发现路基左下侧有个女子躺卧在地，他连续鸣笛后，对方没有反应。报警后，经调查发现，这位30多岁的女子是被冻死的。而她在天寒地冻时节独自行走在 301 国道上的原因，就是因为她和男友吵架了，她负气下车，对方也一时冲动，自顾离去。

我确实不知道这世上有没有从来没吵过架的情侣，但是我想，不管爱得深或者浅，两个人若还能在一起，说明彼此还是愿意为了美好愉快的未来共同努力的，没有人故意想把时间耗费在彼此攻击、伤心难过乃至造成伤亡这样的不幸后果上，所以，我们一起来看看如何认识吵架，以及怎样处理吵架这件事吧。

一

世上没有无缘无故的爱和无缘无故的恨，自然也没有无缘无故的吵架。那么，为什么我们会吵架呢？一起来看一看，哪几方面的因素导致了人们吵架。

（一）情侣们之间存在很多不同

一对恋人，无论怎样门当户对，终究还是来自于不同的家庭，各自有不同的成长环境。在不同环境中长大的人，小到生活细节，比如挤牙膏的方式，大到业余时间的安排，比如渡过周末的方式，方方面面都会有许多不同。

当有这么多不同的两个人在一起相处，想要维持一个步调前进时，自然就会产生不一致；而人们对这些不一致处理不好的时候，就难免会吵架。

有的人可能会想："那我去找一个各方面都和我意见一致的人好了！"

可是，就像世界上没有一模一样的两片树叶那样，即使是生长在同一个家庭中的兄弟姐妹都会有发生矛盾的时候，更何况是从前二十多年都不认识的两个人。

（二）因为你们在一起

人们常说"舌头和牙齿也有打架的时候""勺子总会碰锅沿"，这话的意思就是说，只要距离近了，就会发生冲突；距离越近，发生冲突的可能性越大。

情侣当然是一种距离近得不得了的关系，我们每个人都不会和街边随便什么人拉手、拥抱、亲吻吧？身体的距离反映的是心与心的距离。每天都处在这样近的距离中，不发生冲突才是奇怪的事情。

越是相互依赖，在一起的时间越长，情侣双方要协调的活动和需要共同完成的事务种类就会越来越多，冲突就越有可能发生；直到双方终于学会了如何协调这些矛盾或干脆分手，冲突才可能停止。

（三）因为你们重视对方，想继续和对方的关系

有没有发现一件很奇怪的事？情侣双方两个人在和别人相处的时候都很好，都被称作"温柔和善"的人，但是当这两个人在一起的时候，却常常吵得不可开交。难道是因为这两个人都非常虚伪？和旁人在一起的时候都是假装的？其实不是那样。

这是因为，有时候，旁人的某些意见或行为虽然让我们不满意，但是我们知道，别人和自己的关系是一时的，我们不必为了一时的关系过于"较真"。假使对方太过于惹我们生气，我们可以选择一声不吭地走开就好，而不必"大动干戈"。

可是伴侣是不同的，他们和我们有可能会是持续一生的关系，在这种关系中，有些想法必须交流，有些事实需要澄清。我们会认为，这种"澄

清",即使引起争吵,但对于关系的维护来说也是十分必要的。

二

那么,哪些情况会诱发"吵架"呢?

(一)当关系双方对事件的理解不同时,争吵容易发生

看看这个小故事:冯芝兰是学生会干部,在白天的工作中遇到了一位蛮不讲理的同学,她尽了最大的努力处理好了这件事,但心里还是有些委屈,晚上遇到男朋友邓建国后,她就情不自禁说起了这件事。邓建国的反应如下:"这种事不值得生气,你别想了。我今天遇到件好玩的事,我说给你听听吧。"冯芝兰虽然有种话被堵住的感觉,但是她一向是个性格温婉的女孩子,于是就停住了自己的话头,听邓建国讲他遇到的事。

在邓建国讲完他的事后,冯芝兰试着把话题带回到自己刚才要说的事上,邓建国却又开始了一个新的话题:"这个周末你想去哪里玩?"这样的交流进行到第三轮的时候,冯芝兰爆发了,她什么都不说地转身走掉了。被晾在当地的邓建国也十分气愤和委屈,他不明白,冯芝兰情绪不好,自己正在竭尽全力想分散她的注意力,让她忘记这件事,可她为什么不领情,还莫名其妙走掉了?然后两个人就开始了一场持续数天的冷战。

那么,问题到底出在哪儿呢?其实就出在对同样一件事双方的理解有差异上。

对于邓建国的"东拉西扯",邓建国以为自己在帮助女友解决问题,但他没意识到,在冯芝兰那里,她感受到的是:邓建国根本不在意她的苦

恼，甚至他可能觉得她很烦，所以他才会东拉西扯地转移话题。

两个人对同一件事的不同解释引起了这场冷战。

（二）亲密关系中容易产生冲突，还是因为我们太"自我"了

我们太"自我"了——这句话怎么理解？这句话的意思是说，当我们跟一个人在一起久了，常常会完全忘记他/她和我们是根本不同的两个人，他/她对我们的了解，并不和我们对自己的了解一样多，而他/她对爱情表现或进行方式的想象，也未必和我们认为的一个样。

我们会把自己的想法理所当然地套在对方身上，既不想着去了解对方，也不想让对方了解自己，而是想着"如果他/她爱我，他/她就该怎样怎样"，结果，就不可避免地带来了争吵。

比如刚才冯芝兰和邓建国的故事，他俩就是用自己的思维去诠释对方的行为，只相信自己的结论，而忽略了其他事实的可能性，从而导致了对实际情况的理解偏离。

假使在刚才的场景中，冯芝兰这样问邓建国一句："我现在很难过，想对你说一说，可是你这样东拉西扯会让我觉得你不想听我说话，是不是这样呢？"这样一来，事情的发展是否就会有所改变？

有时候，我们难免会期望对方应该要用我们希望的方式来对待我们，但是，对方是不是知道我们期望的是怎样一样方式呢？

有这样一个笑话：

一个男生问他女朋友晚上吃什么。

男：今天晚上咱们吃什么？

女：随便。

男：吃火锅好不好？

女：不行，吃火锅脸会长痘痘。

男：那去吃粤菜？

女：昨天刚吃的川菜，今天又吃……

男：那吃西餐？

女：又是刀又是叉的太费事。

男：那回家自己做？

女：路上要花的时间太长了。

男：那你说吃什么？

女：随便。

你瞧，两个人的相处有时候就是这样。

对方很想满足我们，可我们自己都不知道自己想要些什么，这时候，又怎么能期望对方给予我们的东西正好合我们的心意？

所以，我们需要记得，有时候我们的恋人或伴侣做不到我们期望的程度，可能不是因为他/她不愿意，而是因为，他/她可能根本不会。

对方生活的环境和我们不同，那些我们想要的对待方式，对方可能压根儿就没接触到过，所以，如果期望对方做些什么，有时候需要我们明确、具体地告诉对方。

三

吵架这件事，真的很让人心烦，那么，吵架这件事，是不是全无意义？也不尽然。

首先，就像我们在上面所说的，如果一个人肯和你吵架，那至少意味着你们还在一起，并且你们还在乎对方，也就是说，你们的关系还可能继续。对于这个原理，很多姑娘或小伙都掌握得很纯熟，当他们想看看对方是否还在意自己的时候，就会想着法地惹起一场争吵，然后在表面的愤怒下暗自喜悦。

要知道，"爱"的反面并不是"恨"，而是"冷漠"。对于这点，民政局负责办理离婚登记的工作人员大概最清楚了。那些吵吵闹闹前来离婚的夫妻，一般还有挽回的机会，可是那些非常平静、彼此客客气气的离婚者，则是铁了心要结束这段婚姻关系的。所以，从这层意义上来说，"吵架"还是有一些意义的。

不过，我不建议大家执着地追求"吵架"的这层意义，因为假如你固执地停留在吵架给你带来的心理满足上，迟早有一天，你会无架可吵，关系的另一方会忍无可忍离你而去。

除了上面所说的"吵架"能反映出的这层意义，我认为"吵架"对情侣双方还有以下作用。

（一）打破幻梦

一般在第一次吵架之前，情侣双方在彼此心目中的印象都是完美的，他们都会把对方看成是天赐的礼物，完美无缺。但是，当第一次吵架发生后，他们就会从幻梦中苏醒，惊讶地发现，原来面前那个曾经代表了世界上一切最美好事物的天使，也是个普通人！不但是普通人，而且还头脑不清、很自私自利、很狭隘无知、很不可理喻！没错，一次激烈的、认真的"吵架"能让一段关系从粉红泡泡期进入头脑清醒期。

有的人可能觉得这是坏事，但我得告诉你这是好事。因为和你生活一辈子的人，当然不是完美的天使，他/她有时候并不具备那些你想象出来的理应具备的那些优点。当你意识到这些后，依旧准备和他/她发展关系时，你们的关系才能逐步走进现实。从这个角度来说，"吵架"是在为关系走入现实而做的准备。

（二）增进对自己、对伴侣的了解

没有人是天生喜欢生活在冲突环境里的，可是生活中的冲突却是难以避免的，但有冲突并不就意味着"不爱"，有时候越是有爱的人，冲突会越厉害呢。别说是恋人了，即使是父母与子女，又何尝没有冲突呢？

很多人遇到冲突后，采取的手段是"沉默"或"回避"，幻想着只要拖过这一刻，以后就没事了，这件事就自然而然解决了。但实际上呢？那根刺永远在那里，以后的生活中会有无数时刻来触发这根刺，让双方的关系出现纠纷。比如最常见的，男人抱怨女人"翻旧账"这事。男人会非常头疼地说："不都是过去的事了吗？怎么又拿出来说？"可是女人也很委屈，心里会想："因为你当时明明说以后不会再这样了啊，现在却还是这样，是我不让这件事过去吗？是你啊！"或者非常愤怒："你当时答应我的，可其实并没有做到，你一直就是在骗我！"

这说明什么？说明所谓的"息事宁人"并不能从根本上解决问题，我们一时"回避"掉的那些"雷"都不过是拖延了爆炸的时间。别说拖延不到死的时候了，就算能拖延到一方离开人世，这种靠拖延或回避来维持的关系算得上一段"心心相印""愉快幸福"的关系吗？

拖延和回避解决不了问题，那该怎么办呢？

只有当冲突发生的时候，静下心来问问自己："我为什么会这样愤怒（也可能是恐惧、委屈）？""我想到了什么？"同时，你也可以通过"吵架"发现：什么事会引起对方的气愤？什么让你气愤不已的事在对方看起来却不值一提？你和他/她，常常会因为什么事发生冲突？对方对"吵架"这件事本身的态度是什么样的？他/她是动不动就会发脾气，还是更愿意用其他方式来解决差异?

通过这样的观察、思索和交流,你会对自己、对伴侣都有更深入的认识,你们会彼此更加互相了解,实际上,亲密关系对我们最重要的意义,不是满足我们衣食住行的需要,而是让我们有机会通过对方了解自己、把握自己,从而能走向心灵的自由。

(三) 帮助情侣双方把握感情的走向

不同的人,对"吵架"的态度是不同的。有的人,害怕和人吵架,把"吵架"当做天大的事,一旦和人有了些纠纷,就吃不下、睡不着,甚至主动和人和好后仍然不安心。有的人,憎恨和人吵架,每次只要一有冲突,就会想:"是不是我们不合适?是不是该分手了?这样下去就是浪费彼此的时间!"还有的人,根本不在乎和人吵架,随时随地都能暴跳如雷,但随后马上就好,就像什么都没发生过。

这些不同类型的人结合在一起,就会形成以下四种不同的情侣相处模式:

- 两个都不在乎吵架的人,常常会形成那种在别人眼里"整天吵吵闹闹,却又十分恩爱"的伴侣。
- 两个都怕吵架或都憎恨吵架的人在一起,或许真的不会发生吵架,但常常会造成两个人都藏了一肚子话不说,貌似和平恩爱,其实并没有形成真正沟通的局面。
- 怕吵架的和不在乎吵架的在一起,形成"一边倒""谁的声音大谁有理"的相处模式。
- 憎恨和人吵架的遇到了不在乎吵架的人,相处一段时间后,两个人不针对"吵架"的诱因和感受进行沟通或改变的话,最可能的结局往往是分手。

在上面所列出的第一、第二、第三、第四种模式中，都有"吵架"成分的存在，但是却也让情侣中至少有一方能有机会了解到彼此的不同，考虑感情的走向，或是想办法弥补这些不同给感情发展带来的影响，或是在还不太迟的时候结束关系。

而第二种模式中，因为双方都在努力避免"吵架"，如果同时缺乏其他沟通方式的话，平时小的分歧得不到解决，往往走到最后会产生大的、难以挽回的矛盾的爆发，反而不利于情感的发展和维护。

四

怎样才能不"吵架"呢？

也许我们真的做不到完全不吵架，但是，我们可以尝试把"吵架"这件事对生活有益的帮助作用发挥到最大，而不是让它破坏我们的亲密关系。当你和别人存在意见分歧的时候，你可以试试以下的做法。

（一）始终用尊重的态度对待伴侣

"吵架"不是"骂人"，我们之所以会产生争吵，是因为我们对事物的态度不同、想法不同，这时候我们需要做的是沟通交流，而不是发泄怒气，对伴侣肆意侮辱。

在咨询中，我遇到过这样的案例：情侣双方来咨询，一方感到非常愤怒，说对方遇到一点小事就对自己随意谩骂，自己实在难以忍受，因此倾向结束关系；而被投诉的那方却异常委屈，会解释"我没说什么啊"。

经过详细了解才发现，原来这两个人成长环境极其不同。愤怒的那方从小家教很好，成长在书香门第，从小到大在家里就没听过一句脏话，根本想不到世界上还存在着有其他生活方式的人；而被投诉的那方，虽然现在拥有体面的职业和身份，却从小生活在充斥着脏话的世界里。因此，当双方有意见分歧的时候，被投诉的那方虽然不由自主地骂骂咧咧、脏字不断，却依旧不认为自己是和对方吵架，更不觉得自己是在骂人，也无法理解从小没经历过这些言语对待的那方为什么会气得话都说不出来。

虽然我们都知道，出身背景相似的人在一起，产生的矛盾会较少；但是"爱情"这东西，有时候又"聋"又"瞎"，才不管别人说什么，它会把种族、年龄、国籍等各种差距巨大的人联系在一起，当然会包括不同出身背景的人。

假使你和你的伴侣正好出身于不同的社会环境，不管你俩的背景差距有多大，如果你们真的相爱，也愿意维持彼此关系的话，请在你们俩产生分歧的时候，无论如何保持社交中应有的礼貌态度吧！正是因为对方是你的爱人，所以才更应该受到善待，而不是反而将最恶劣的那面不加掩饰地刺向他/她。而当你始终保持对他人的尊重时，一般情况下，你们的架就不会吵起来。

试想一下，假如是你自己，面对着一个无论你怎样数落都始终以尊重的态度对你的恋人，你认为你还能把你恶劣的心情对着他/她坚持下去吗？

所以，保持尊重是避免吵架或者恢复关系的第一步。

在这里需要提醒你的是，尊重不是虚假的客套，虚假的客套只会把人推远；尊重是发自内心的真诚，是一种"我虽然不同意你的观点，但你和我一样，都有把观点充分表达出来，同时我愿意充分了解"的态度。

假使你一时半刻难以产生对对方的尊重。那么，我建议你不妨先从回忆对方曾为你做过的让你由衷感谢的事做起。

（二）发生冲突时，请明明白白、清清楚楚地把你的想法及感受说出来

很多女性来到我这里，抱怨男朋友、抱怨丈夫、抱怨婆婆甚至抱怨同事的时候，都会说一句话："他怎么会不知道我的想法？是个人都该明白！"

哦，不是的，事实不是这样的。正如我前面所说过的，我们大家生长在不同的环境中，而不同环境中的规则是不一样的。比如，有的家庭吃饭的时候禁止说话，而有的家庭会把吃饭的时间当成欢声笑语交流一天有趣经历的过程，这两个家庭中生长出来的孩子，在遇到一起的时候，如果毫无交流，各自仅用心中默认的规则去要求对方、理解对方的行为，会出现什么样的后果呢？

每个家庭的区别又何止"吃饭时的规矩"这一条？所以，认为别人理应明白、理解自己，却居然没能按自己的意愿做出反应，从而为此生气，这不是在自寻烦恼吗？

没有人是对方肚子里的"蛔虫"，所谓的"默契"和"心领神会"，都是建立在有共同经历和一起生活经验的基础上的，你有不同意见，有不愉快，你不说出来，别人怎么会知道？

记得我读硕士期间，有一次请几位同学周末到家里玩，有一位平时和我关系很好的女同学托人带话，说她舅舅那天要去看她，她不来了，我信以为真，虽然觉得遗憾，但也并没多想，和去的几位同学一起看影碟、包饺子、唱卡拉OK，玩得很开心。第二天我到学校看到她，说起昨天玩乐的事，很为她可惜，结果她瞪了我片刻，终于忍不住嚷道："我舅舅根本没来看我，你难道不知道，我故意没去，是因为我在生你的气！"我当时

第六章 | 能不能不吵架

很茫然,"我什么时候惹你生气了?"

待听完她的讲述后,我不由大笑起来,原来就在请她去我家玩的前两天,因为医学统计学课上的一件事,她生我的气了,她当时表示过,但是我没有太在意,她为了"惩罚"我,让我认识到自己错误的严重性,特意在我邀请她去家里玩时,找了个借口拒绝了我,希望我能感觉到异样,从而为此不安和反省。可是我偏偏是个大而化之的人,根本没把这两件事联想在一起。最后这位同学泄气地说:"算了,我就不该这样。没有气到你,反而把我自己弄得更生气了!我都白气了!还孤孤单单地在宿舍待了一天!"

那么,我们在和伴侣相处的时候,有时候会不会也发生这样的状况?自以为他人应该领会自己的意思,最终却为别人没有领会而失望?如果自己是这样的话,那么从今天开始,请不要再让人猜心思了,为了与他人相处顺畅、为了自己开心,请把自己的不满、不同意见都说出来吧。

(三)寻找双方的共同目的,而不是只想着实现自己的目标

我一个做医生的朋友对我讲过一件事,说是有天晚上他在急诊值班的时候,救护车拉来一对60多岁的老人。其中老先生躺在担架上生死不明,身边跟着一位老太太哭泣不止。老先生是心脏病急性发作,医生匆忙间询问疾病发作原因,老太太哭着说:"都怪我,今天晚上新闻说希拉里和特朗普竞选总统,我说我就支持希拉里,他说还是得特朗普,我俩就争起来了,争了半天,就把他气成这样了。医生,您可得救救他,这次把他救过来,随便他美国谁当总统,我再也不管了!"

这位老太太的话貌似可笑,但是,在我们的实际生活里,有很多事情都和这件事类似。我们为了一些不同的观点、想法,和伴侣争论得脸红脖

子粗。

在争论的时候，我们惦记的是什么？是如何促进我们关系的发展、保持我们关系的稳定？还是只想说服对方，证明自己是"对"的？

在我们的生活中，什么才是最重要的？是对错？还是关系？

有时候，我们和对方会陷入争论，并非是因为有误会存在，而确实是双方目的不同，这个时候，如果你和对方争论的目的不只是要分个对错，而是想维护、发展你俩之间的关系，那么，不妨试一试以下的方法：

- 放弃"我的选择或决定就是最好的和唯一正确的解决方案"的想法，接受这样一个事实——"也许还有另一种方案，可以让我们双方都满意"，并且将这样的想法表达给对方，告诉他/她："没关系，看起来现在咱俩暂时无法取得一致，但我愿意和你再好好聊一聊，看看我们各自究竟真正想要的是什么，怎么才能让咱们俩都满意。"

你这种肯顾及对方想法的态度，会在一定程度上促进对方和你交谈的意愿。

- 了解对方的真实目的。有时候，我们会认为我们根本无法和对方达成一致，我们想去的是地球东边，而对方想去的是地球西边，这种矛盾是无法调和的。

然而，事实真的是这样吗？一起来看一个例子。

在一个难得的能拥有自己闲暇的周末，张先生邀请张太太说："我们一起去看电影吧。"

张太太回答："电影有什么好看，不如待在家里租张碟看，也是一样的。"

张先生："看碟和看电影哪一样啊？根本没有电影院那样的效果，还是去看电影吧！"

张太太:"如果要追求效果的话,那就干脆看小说,什么样的电影技术都达不到人想象的程度!"

"我们出去看电影!"张先生坚持。

"待在家里看影碟,还省钱!"张太太不放弃。

表面看起来,张先生和张太太的矛盾是无法解决的。因为,他俩一个要外出,一个要待在家里,这两种选择似乎截然不同。但是,如果我们不只是停留在表面,而是试着问问对方:"是什么原因让你不想和我一起去看电影?"

张太太的回答可能会是:"我带了一天的孩子,已经累惨了,不想再出去了。"

原来她认为出去看电影,是一种劳累,所以才不想去。

这时候张先生可以问问自己:"我想去看电影是为什么?是为了享受电影的情节和影院的效果吗?"

如果张先生的目的,是想把妻子从带孩子的劳累中解放出来,那么这时候,他可能会有新的想法,比如他可能会说:"原来是这样,你觉得出去会很累,那我正好也想让你放松一下,和你过个二人世界。那不如这样,我们把孩子送去某某那里让他/她帮我们照料一下,然后我在家给你做个精油按摩怎么样?"

不管最后张先生和张太太达成了怎样的协议,这样对"真正目的"的了解,都会比毫不沟通只是在心里想"这个女人真没情调,也真不识好人心,我想带她放松一下,她根本领会不到"要强。

• 跳出原有思维。有时候,共同的目的并不是那样好寻找,这时候,就需要关系双方都积极进行头脑风暴,提出各种可能的解决方案,尝试更多可能性。

沟通中引起争吵的原因常会在于，双方都认为对方要强迫自己做什么，或者是在借机指责自己，或者表达不满。

如果我们可以让对方了解到，我们愿意满足他/她，同时，我们自己也想满足自己，和对方讨论的目的并不是要求对方放弃要求，而是想要得出一个双方都满意的解决方案，这时候，往往对方也愿意配合我们想办法。

五

需要提醒一下的是，虽然我们下定了要好好沟通的决心，但是进行沟通的时候，还需要讲一些技巧。

话说出来，还要被对方听进去，才叫"沟通"；不注意对方的接收与否，只顾单方面情绪或思想的表达，那叫"倾泻"，不但可能毫无效果，还可能会激化矛盾。

在沟通中，第一步是表达，以下的表达方式会帮助到你。

（一）放下个人评判，像机器一样客观描述事实

当你和你的伴侣为一件事发生了纠纷，事后你想就此事和他/她进行讨论的时候，你通常会怎么说？

举个例子来说吧。

昨天你和你的伴侣约好了七点去看电影，你六点半到电影院，然后你还想再去抽时间吃个饭。对方陪你去吃饭了，但在你吃饭的时候他/她始终一言不发。虽然你紧赶慢赶，电影并没耽误，可你感觉看电影的整个过程中对方的情绪都不高，分手的时候也没像从前那样和你卿卿我我。

因为对方如此的表现，分手后你很不高兴，当天晚上回去之后，你也没

按照惯例给对方发信息或打电话。你本来想对方会联系你，但对方也没有。

两天后，你觉得这样继续下去不好，想和对方谈一谈这件事，你会怎么做？

一般人可能会这样说："那天我们俩约好要看电影，然后我去得有些晚，你就不高兴了，还开始和我冷战，我……"到这里为止，说话的人可能觉得自己说的并没有错，只是在说客观事实。但是，这样的叙述很可能会引起对方如下的反应："我没有不高兴！"

然后你可能就会说："你明明就生气了啊，你都没和我吻别……"

对方回答"我没有生气，没有吻别是因为我恰好想起了其他什么事"。或者"有没有吻别那么重要吗？我觉得形式并不重要"。

你说："好吧，就算你没有不高兴，可是后来两天你为什么都不联系我？"

对方回答："你不也没有联系我吗？"或者"我这阵子真的很忙……"

你瞧，这将是一场无法进行的对话，也可能会是另一场"吵架"的前奏。

那么，怎样的谈话方式会比较容易朝我们想要的方向发展呢？

可以试着这样去说："那天我们约好了七点看电影，我六点半才到电影院，然后还要去吃饭，谢谢你陪我去。在吃饭的时候，你一句话都没说，看电影的时候，也没说什么话，分手的时候你也没有像以前那样和我吻别，晚上回去后我没有联系你，你也没联系我，一直到现在，这让我很不安。"

仔细观察一下这段话和一开始那段话，看看区别在哪里？

区别在于，在这段话里，你说的都是客观事实，没有任何你的推测和观点，比如第一段话中，你所说的那句："我到得有些晚，你就不高兴了。"虽然很多人都认为，"你有些不高兴"这就是事实，但并不是这样。

"你有些不高兴"，是我们根据当时发生的事和对方脸上的表情，自己推测出来的可能情况，是一种观点，而未必是事实。

事实可能是，对方当时确实因为你的行为不高兴了；但也可能是，对方真的没有不高兴，在你出现之前，他/她因为一些其他的事，比如领导刚打来一个电话谈到了下周工作的变动，他/她为此陷入了思索，确实没和你计较晚到的事，但是你认为自己做的事不够好，可能会让人生气，而他/她的表情又确实不是平时欢欣雀跃的神情，所以，你就认为他/她是在为你做的这些事而生气。

假使对方当时是真的没有生气，而你非要说"我到得有些晚，你就不高兴了"，那他/她自然是要否认的。而假使对方当时确实是因为你的行为而不高兴了，你在那个时候没有道歉，事后还发动了冷战，那么，在你想谈一谈的时候，他/她心里气还没消，听到你说"我到得有些晚，你就不高兴了"的时候，他/她的心理感受会是怎样的？

如果他/她就是要和你继续闹别扭，坚决不承认他/她就是生气了，你就算花再大力气去证明他/她是生气还是没生气，有什么意义呢？你和他/她谈话的目的何在？就是为了论证他/她当时的情绪状态吗？你想做的是恢复关系吧？

所以，如果你想和一个人开始一段不受阻碍的谈话，那么，你首先要做的是，完全客观地描述事实，像摄像机那样客观，不带任何人类视角的评判，确保你说出的每一个字都不会引起对方的反对。

（二）用正面、善意、心平气和的方式说出自己的感受和希望，而不是抨击对方

比如：当你加班到深夜，希望男朋友来接，但男朋友不太想来接你的

时候，你会怎么说？你会说："我一个人回去，好害怕。我担心路上会出事情，我很希望你能来接我。"还是说："你怎么这样啊？你一点也不关心我，一点儿也不把我当回事！"

请注意，前一种，就是说出自己的感受和希望；而后一种，就是引起吵架的争端。

再比如：当你和你新结识的男友乘坐地铁或公交车的时候，他忽然发现身边有人空出一个座位，便一个箭步冲上去，占住座位，同时兴奋地呼唤你："快来啊，这儿有个座位！"，但是你看得清清楚楚，那站刚上来一个孕妇，那个座位是别人特意让给她的，只是她还没来得及坐下，当你为男友的行为觉得羞愧的时候，你会怎么对他说？

你会说："小张，没关系，我不坐，咱们把这座位给那位准妈妈吧！"，还是扭过头不理他，甚至赶紧往远处走几步，装作不认识他？然后下车后呢？

你会在心里评判"这个男人真不怎么样"，从而决定逐渐冷淡他；还是和他谈一下："刚才在地铁上，你为我抢座位，我挺感激你的，但是坐不坐这个对我没那么重要的，你以后不必为我这样做了。"

如果情况转化为你俩已经结识了很久之后呢？你是会表达完自己的想法后，也给他说话的机会；还是会这样说他："你怎么这么丢人啊！还跟孕妇抢座位！你这样让旁边的人怎么看你啊！你还叫我过去，我跟着你真没脸见人了。"

和对方交流时，不要用指责和评价的方式，而只需要如实地说出自己的想法和感受，这样会让对方愿意倾听，而不是把注意力放在你对他/她的指责上。倾听过后，他/她就有机会调整自己、调整你俩相处的模式。

如果对方对你的感受毫不在意，比如你说："你这样做让我觉得很不舒服，会让我想到我对你来说是微不足道的。"而对方的回答是："你也太大惊小怪了，你想太多了。"或者是"你怎么这么事儿啊！"，这种情况多次发生，无论怎样沟通也没有效果的时候，或许你应该考虑的不是怎样继续和这个男人沟通，而是考虑要不要和这个男人分手了。

（三）承担起冲突里你那部分的责任

还是拿上面说过的那个"约好了七点去看电影，但是你六点半才到电影院，还要去吃饭"的故事做例子。在这个故事里，让你表现成这样的原因可能会有很多，比如：你一向是个不慌不忙的人，你的想法是，只要没迟到，即使到最后一分钟才走进电影院也没关系，而且你都规划好了，你绝对不会迟到，所以你才会这样做，虽然你明明知道对方是个凡事喜欢提前的人，但是你就是想用你的行为告诉他，他的担心都是多余的，根本就误不了事。

或者，你和对方一样，都是愿意把时间多留出来一点的人，但是那天的工作意外忙碌，你紧赶慢赶才没有耽误这场约会，为了不耽误这场约会，你甚至连中午饭都没顾得上吃，可到了电影院，居然还看到对方那一脸不高兴，你不由得怒火中烧，认为对方根本不了解你的牺牲。

不管你的原因有多少，不管你觉得你自己有多么正确，我想提醒你的是，如果你俩为了一件事发生了争执，而且争执无法解决，那么，就意味着你俩的关系正面临着考验，事情正准备往坏的方向发展。请问，这是不是你希望的？

如果你的希望不是关系破裂而是维护这段关系的话，那么，当你俩意见不同的时候，你俩需要做的不是争执谁对谁错，而是讨论怎样才能取得双方都满意的解决办法。

你需要牢记，有些事是没有对错的，就像我们前面说过的一样，来自不同家庭的人，从小遵守的规则不同，在你看起来"对"的东西，在另一个人看起来，可能恰恰"错"到了极点。

这就像来自不同国家的人一样。从前的中国人在生活中崇尚含蓄谦虚，而美国人则推崇表现自己，那么，一些在美国人看起来是值得称许的做法，可能在中国就会被当做"好出风头"而招致嘲笑和贬低。

当我们要和一个与我们不同的人生活在一起的时候，我们就要做好放弃自己旧有的看法、接受一些与从前不同意见的心理准备。当我们与伴侣发生冲突的时候，要能想到：产生冲突，双方都有责任；而你自己，是可以承担起自己那部分责任的人。

主动承担起一次冲突里自己那部分的责任，并不意味着你软弱，而表明你是能阻止事情向更坏方向发展的那个人，这反而是一种自信和力量的表现。

当你用自己的言行一次次为伴侣做出榜样的时候，他/她就有可能考虑向你学习，也承担起你俩的冲突里他/她那部分的责任。

（四）打开心扉认真倾听

正如我们上面所说的，"沟通"是双方意见的表达，而不是单方观点的倾泻，所以，交流的时候，还请打开心扉，认真去听对方想表达的内容。

在你倾听的时候，不要把注意力放在那些具有攻击性、让你忍不住要去辩解和还击的内容上，而是注意听对方产生情绪的原因；不要急着提出建议，不管你觉得自己解决问题的方法有多高明；耐心让对方说完，因为有时候，你以为他/她即将表达的意思，其实不是他/她真的想要表达的意思。

听过这个故事吗？一个小学生被问道："如果你是一架满载着乘客的飞机的驾驶员，现在飞机没油了，你会怎么做？"他回答："我会立刻离开飞机……"遭到了在场大人们的一阵哄笑，然后这个小学生说出了他的后半句话："我要去找油，然后回来！"

在你的伴侣对你说话的时候，请让他/她说完，就像给这个小男孩机会说完一样。在他/她没说完的时候，不要自以为已经知道他/她会说什么了；甚至在他/她说完后，你也可以去询问他/她，刚才他/她所说的是不是你理解的这种意思。

我们彼此交谈、倾听、探究越多，就越可能减少误会、减少冲突；而我们彼此了解越多，就越可能达成一致。

（五）要改掉旧的行为习惯不容易，请好好坚持

有一次我看到某个女孩在网上发了一个求助帖，询问该如何挽回和男友的关系，在帖子里，她描述了两个人的交往，说一开始男友对她很好，温柔体贴，言听计从，但是她自己不珍惜。比如：男友出去和朋友玩，玩到比较晚，她就会劈头盖脸一阵大骂；她会阻止男友和其他朋友交往，而且在他的朋友面前也不给他面子。

这位姑娘的这种行为方式一开始首先是引起了男友朋友们的不满，纷纷劝男友和她分手，接下来就是男友真的有所动摇，但是最后导致分手的原因是她意识到两个人可能有了些问题，准备挽回时给男友打的那通电话。

当时，她的男友因为在外面参加活动，没听见，在他后来看到未接来电，并立刻打回来，进行解释和道歉的时候，这位女孩居然完全忘记了她

给男友打电话的初衷，根本不肯听男友的解释，然后又按照既往的行为方式将男友大骂一顿。

然后，就没有然后了。

在求助的论坛里，这位女孩想解决问题的愿望看起来依旧十分迫切，同样的帖子她一口气发了6遍，不是发了6个主题，而是在同一个主题下"盖了六层楼"。

虽然这个女孩并不是向我求助，但是作为旁观者的我，在看到她第一遍的求助时，虽然感觉她的行为很不得当，也还没有什么反感的情绪，但看到下面五遍完全一模一样重复的内容时，我仿佛看到了一个冲动、急躁、毫不顾及他人感受的人就站在我面前，我的心情也跟着烦躁起来。

这位姑娘确实是在表达她想改变、想挽回的想法，可是实际上她是不是真的在反省自己的言行呢？还是依旧是"我想做什么就要做什么"？

我们改变自己增强和伴侣沟通的目的，并不是要用在一时的挽回上，而是用在长期、终身关系的维护上。一开始沟通可能会有波折，对方可能不信任自己，技术掌握可能也不纯熟，但多练习，假以时日，对方看到我们的诚意，就会有好的开始。所以，如果真的要改变的话，还是请放慢速度、增加耐心、好好地反省自己，找到正确的方式并且认真坚持下去。

如果你自己非常想学会良性沟通，并且还需要专业人士为你提供具体的行为指导，那么可以寻找专业心理健康服务机构提供帮助。在这里，你不但可以发现自己在沟通中的问题，还可以和同你有一样问题的小伙伴们一起进行练习，更有丰富生动的实践案例供你参考，以及专业老师的精心指导和陪伴。

六

琳琳总结道:"也就是说,世上没有完全相同的两片树叶,来自不同家庭的关系双方对同一件事产生不同意见是正常的,关键是用什么样的方式和态度来协调这些不同,对吧?"

"在关系中,需要时刻牢记的是,我们真正需要的是什么?不是去争论'谁对谁错',而是要'解决问题'"。

"情侣之间有不同想法和观点是正常的,如果双方学习了足够的方法和技巧后,是可以通过不吵架的方式来沟通的。"

"在沟通的时候,第一需要注意的是尊重对方,然后是客观表达;不但自己要有勇气、有能力平静地说出自己的需要,还要有耐心倾听对方的需要。"

说到这里,琳琳不好意思地笑了笑:"朱老师,说实话,在以前我和杨平沟通的时候,我是有问题的。我总认为自己的想法是对的,根本看不起他的想法,我也不愿意和他一起去尝试了解他的想法。我还容易被情绪操纵,动不动就一句话都不想再和他说了,惹得他也很恼火;现在看起来,我从前处理矛盾的方法也太不成熟了,难怪我俩关系会走到今天这步。"

我为琳琳的坦诚鼓掌。

"不过",琳琳轻轻皱起眉头来说:"如果我学会了这些方法,也真正做到了这些沟通中需要注意的事项,对方还是无法交流、不可理喻,我该怎么办呢?"

我回答道:"如果经过专业人士客观地评估,证明你确实已经在沟通中达到了以上这些要求,而你的伴侣依旧无动于衷,甚至把你对关系的维护当做你的软弱，得寸进尺，导致你俩的关系依旧不能如你所愿良好发展时，我想，你或许可以考虑结束这段关系。"

"因为我认为，关系的维持需要双方的努力，对方这种不配合的态度不适合进入婚姻或恋爱关系，甚至不适合进入其他任何必须以'合作'为基本态度的关系中。"

第七章
适合做一生伴侣的人

琳琳问我:"那什么样的人,才是适合维持一生关系的人呢?"

我认为,这是一个好问题。一生的时光是那样长,有个好伴侣的话,整个人生都会是温暖的。亲密关系的维护和运营如果只靠一个人来进行的话,这份压力未免太沉重了,找到一个适合的伙伴,有助于关系的良好发展。

那么,什么样的人是适合维持一生关系的人呢?

一

没有人天生就懂得如何经营好亲密关系,然而,人们可以通过学习来掌握维护亲密关系的技巧,所以,适合维持一生关系的人,他/她需要具备的第一个特质就是:乐于学习的态度。

乐于学习的态度,指的并不是手不释卷,每天以看书为第一要务。它指的是,一个人对于人生百态的宽容度,对各种与自己观点不同的想法的好奇心,对新鲜事物的探索心,以及愿意参与各种不熟悉的活动和愿意改变自己的程度。

世界是在不断发展和变化着的,人生是在不断发展和变化着的,人和人的关系也是在不断发展和变化的。和那些乐于学习、愿意随着事实和自己实践的结果不断调整自己、发展自己的人相处，显然会比和那些固执己见，认为只有自己正确，不肯接纳他人与自己的不同，不肯随着时代的变化调整自己思想和行为的人相处，更有可能把关系经营好。

适合维持一生关系的人，他/她需要具备的第二个特质是：对生命负责任的态度。

对生命负责任的态度，指的并不是一旦开始一段关系，就不管发生了什么，都要把这段关系坚持到底，即使是双方已经貌合神离，或者在这个关系已经腐朽不堪、双方都倍感痛苦的时候仍然维持它。对生命负责任的态度，指的是一个人对自己的人生有目标、有规划，按照自己的目标指导自己的行为，为自己的生命赋予意义的态度。

在婚恋中，这种态度表现为：在决定建立关系前，就认真了解、观察对方，看清楚他/她到底是什么样的人，而非只是看到对方的外形或收入符合自己心里想要的那个样子，再听到对方几句甜言蜜语，就恨不得在短短几天内和对方缔结想要维持一生的关系。在建立关系后，全身心地投入关系，认真对待关系、经营关系；在这个过程中，如果遇到问题，就面对问题，及时沟通；如果发现自己出错了，那就及时改正；尽一切努力后，发现两个人还是不合适的时候，能够有勇气做出分手的决定。

适合维持一生关系的人，他或她需要具备的第三个特质是：一颗坚定的、向着幸福去的决心。

在所有的婚姻咨询和所有的婚恋课程中，都会不可避免地提到一个问题，那就是"依恋类型"。而对"依恋类型"有所了解的朋友们都会知道，依恋类型主要被分为安全型依恋、回避型依恋和焦虑型依恋这三种类型。这三种类型最初的时候是用来描述婴儿和母亲关系的。

- 安全型依恋。当母亲对婴儿的各种需要都及时、适当地给予回应时，婴儿相信当下的需要都会得到满足，从而对母亲、对外界具有信心，情绪平和；当母亲暂时离开时不会哭闹，在母亲回来后会直接扑向母亲的怀抱，并不为母亲的离开过度烦恼。这种母婴依恋关系就被称作"安全型依恋关系"。

- 回避型依恋。当母亲对于婴儿的需要总是不闻不问，使婴儿慢慢认识到自己的啼哭是没有意义的，无论自己如何表达痛苦，也不会有人来满足自己的需要，这样的孩子不寻求接近母亲，母亲离开后也没什么难过的表现，母亲回来后，对母亲也比较冷淡，这种母婴依恋关系就是"回避型依恋关系"。

- 焦虑型依恋。而如果一位母亲，在婴儿表达需要的时候，有时候无微不至地去照顾婴儿，有时候又不闻不问，那就会使婴儿不知道什么情况下能得到母亲的回应、什么情况下得不到，因此婴儿会变得非常焦虑和不安；同母亲分离后，他们会感到强烈的不安，当再次同母亲团聚时，他们一方面试图主动接近母亲，一方面又对来自母亲的安慰进行反抗，这就形成了"焦虑型依恋"。

当人们成年后，会把这种在婴儿时期跟母亲（或者是主要抚养人）形成的依恋关系照搬到亲密关系中，表现如下：

在安全型依恋关系中长大的孩子在和他人相处的时候，感觉与别人亲密并不难，并能安心地依赖于别人和让别人依赖自己。他/她既不担心被别人抛弃，也不担心别人与他/她关系太亲密。

在回避型依恋关系中长大的孩子在和他人相处的时候，发现和别人亲密令他/她感到不舒服；他/她难以完全信任别人，也难以让自己依赖别人。当别人与他/她太亲密时他/她会紧张，会想摆脱这段关系。

在焦虑型依恋关系中长大的孩子在和他人相处的时候，会既想和人亲密，又担心和人亲密。既不相信别人，又不相信自己，行为常常矛盾不已。

显然，如果我们足够幸运，在童年时代形成了安全型的依恋关系，那么，我们成年后，是很容易进入一段稳定的亲密关系的，因为我们相信世界，也懂得如何与人相处；但是，如果我们没那么幸运呢？我们如果偏偏就不是安全型的依恋关系呢？

要知道，父母是谁，那可不是由我们自己选择的，如果没有建立起安全型的依恋关系，难道我们这辈子就完了？就永远没有幸福的可能了吗？

我们无法选择出生在何处，但是，只要我们愿意，当我们发现自己的行为妨碍了想要得到的幸福时，我们可以选择改变自己的行为。

我们可能不具备一些生来就很容易达到幸福的因素，但是，我们可以选择通过自己的努力获得这些因素！

当一个人具备一颗坚定的、向着幸福去的决心时，如果在亲密关系中遇到不可避免的问题和矛盾时，他/她会积极地想办法解决，而不是很悲观地认为问题不可能被解决、对方也不可能发生改变，甚至自己也没法改变。

他/她这种积极解决问题的态度，必将影响并带动我们一起来解决问题，从而把原先的美好愿望最终变成现实。

二

"您是说，即使依恋类型不是安全型的，也有可能得到幸福的感情生活，是吗？"琳琳问我。

我点点头："是的，只要婚恋关系的双方都有决心往幸福的方向走。"

琳琳边思索边说道："朱老师，我做过依恋类型的测评，测试结果显示我的依恋类型属于焦虑型依恋，我曾经一直都在想，我这辈子可能注定无法幸福了吧？"

"因为我看到不止一本书上说，只有安全型依恋的人，才能建立良好的亲密关系，可我的依恋类型是由童年父母抚养我的模式决定的啊，我能有什么办法呢？所以，我为此苦恼了很久呢。"

"我曾经想找杨平聊聊这些，但他根本就不要听。这也让我怀疑，是不是我自己太多事了？现在看起来，并不是我太多事了，而是对方可能并不适合我。他并不关心我在想些什么，也不认为他需要和我一起经营和维护这段关系。"

"现在看起来，即使是非安全型依恋，也不是注定就得不到幸福，对吧？我可以把自己的不安全通过学习、觉察调整到合理的程度。即使有时候我会有一些敏感的反应，也就像河水遇到了石块儿，不过是溅起一些水花，处理好了也能成为风景，对吧？"

"对。"我点头，"只要你肯在爱情实践中去体会、去觉察、去发现自己和他人相处过程中心态的变化，有哪些影响关系维持和发展的行为，然后用心去调整那些妨碍你亲密关系的环节，关系就能良性发展。只不过，这个过程对有些人来说可能会比较长，得付出二三年的努力。"

琳琳回答："只要能得到一生的幸福，二三年的时间并不算长，这要比虚耗掉 20 甚至 30 年的光阴强多了"。

三

琳琳迟疑着，又问了我一个问题："老师，有关什么人是适合做一生伴侣的这个问题，我还有一个疑问就是，我以前听说，伴侣间应该选互补的才好，可是我和杨平，我性子急、他性子慢，我积极上进、他甘于现状，看起来挺互补的了，可我怎么就感觉那么难受呢？这种互补关系的人，到底适合不适合在一起啊？"

我问琳琳："在你看来，什么叫互补？"琳琳回答："嗯，就是完全不一样。就像黑和白那样，形成鲜明对比。""哦，我明白了。"我点点头，"在我看来，两个人完全不一样，那不叫互补，那叫相反。"

很多人对"相似"和"互补"的理解都和琳琳一样，认为两个人各方面一样叫相似，两个人各方面都不一样，就叫做"互补"。可实际上，相似和互补的关系不是这样简单。

（一）相似关系

先来看看，能促进人们彼此关系亲密的相似，也就是能让人们互相喜欢的相似主要包括哪些方面。

- 信念、价值观与人格特征的相似：比如相信人性本善的人和相信人性本恶的人，自然而然会分成两个不同观点的集团。
- 兴趣、爱好方面的相似：比如喜欢读书的人也欣赏另外一个喜欢读书的人；喜欢运动的人通常也会对热爱运动的人有高评价。
- 社会背景、地位的相似等。

有时候在局外人看起来，觉得交往的双方似乎缺乏相似性，但是，决定双方感觉的主要并不是外人的看法，而是交往双方自己感受到的相似性。外表的相似性远远不如内在的相似性能打动人。

（二）互补关系

看完了"相似"，再来看看什么叫"互补"。在理解什么是"互补"的时候，人们最常见的错误，就是像琳琳一样，把"相反"理解成"互补"。会认为：你是黑、我是白，你是急脾气、我是慢性子，所以咱俩的关系就是互补。这种想法大错特错！

"互补"固然是指对方身上拥有我们没有却想要拥有的东西，但是绝不是指"截然不同"。

一方喜欢读书，另一方却一看书就头疼，还认为看书是书呆子才做的事，这叫互补吗？一方喜欢运动，另一方却认为运动是缺乏脑力的表现，这叫互补吗？一方讲究礼貌，另一方却认为这都是繁文缛节，嘲笑对方是装腔作势，这叫互补吗？这些叫互虐！

这样观念完全相反的两个人在一起长期相处，带给双方的不是彼此折磨，还能是什么呢？

实际上，"互补"并不是说两者之间是相反或矛盾的关系，而是指一种特殊的"相似"，是在基调一致上的具体条件或具体表现上互相补充的关系。

比如：一方是个凡事只考虑大局、细节方面懒得详细计划的人，而另一方，却是很耐心细致、愿意把精力花在细节操作上的人，双方都对同一个问题感兴趣，比如都想创建属于自己的企业，那双方一起做这个事情时，彼此之间就是一种很好的互补关系，对彼此都有益；但是，如果一方对"辞职创业"兴致勃勃，而另一方觉得"吃饱了撑的才会想到辞职去创业"，那么，这两个人就不是互补关系，而是不同思维方式的问题了。

人和人之间形成"互补"关系的基础是：双方对事物的价值观是统一的，彼此感兴趣的事物是一致的。在主旋律一致的基调上，双方之间的互补才能增加吸引力。这样的互补包括以下三种：

- 双方需要的互补。比如：我只有针，你只有线，我们却需要缝补一样东西，那么，我们彼此都需要对方，也都能帮上对方的忙，这叫做互补。

- 社会角色和职业的互补。在日常生活中最常见的就是婚姻家庭中的双方，一方工作较稳定，另一方则较自由，这样在照顾家庭上，双方可以分别提供时间或金钱的支持，进行合作。
- 某些人格特征的互补。如我们上面所举的"辞职去创业"的例子，合作的双方，一个方向战略上大胆，另一个执行细节上谨慎，在具体的生活和工作中互相协调，也可以产生彼此的吸引。

当双方的需要、社会角色和人格特征都呈互补关系，且各自赏识对方和自己不同之处的时候，彼此之间产生的吸引力会非常强大。

拿一个小故事来解释在"相似"和"互补"间如何做选择吧。

张先生和张太太有很多不同。张先生喜欢每天早上把窗户全打开，张太太喜欢每天晚上把窗户全关好；张先生喜欢报纸来了第一个看，张太太喜欢听别人给她讲报纸中有趣的故事；张先生喜欢烹饪美食，张太太喜欢品尝美食。

除了不同外，张先生和张太太还有很多相似的地方，他们都喜欢看电影、喜欢运动，比起经常出门和朋友们一起玩乐，他俩更喜欢一起待在家里，比如"五一""十一"这样的假期，他们常常选择不出门，而是两个人惬意地待在家里看早就想看的影片。

张先生和张太太就这样愉快地生活在一起。

四

琳琳听到这里后，点了点头说："原来是这样。"

"我想了想，我从小到大，一直想寻找的都是一种同伴的感觉，我想和某个人在一起互相激励、共同进步，但杨平不是这样的人。"

"我想找一个，像您刚才所说的那样，愿意以开放的心态不断进行学习、愿意对自己的人生负责任、适合进入亲密关系里的人；但杨平从来就不愿意学习，我们刚才谈的这些，他可能连看都不愿看一眼。"

"物以类聚，人以群分，我再次意识到，杨平确实不是适合我的伴侣；他和我既不相似也不互补，我不想再委屈自己了。"

"我在考虑和杨平分手。"琳琳问道，"朱老师，关于分手，有没有哪些需要注意的事项？"

第八章
分手注意事项

琳琳问我，有关分手有没有什么需要注意的事。这是个非常重要的问题。

2010年3月30日晚，四川大学突发一起刑事案件，公共管理学院2008级男生曾某将艺术学院2008级本科女生彭某杀死，将另两名本校男生打伤；网传曾某行凶原因是恋爱纠纷。

2011年5月8日下午，中南大学外国语学院大二女生张某被嫌疑人王某割喉当场死亡；后经警方调查，王某行凶原因是恋爱纠纷。

2016年4月30日上午，上海海事大学研二学生徐某因恋爱纠纷对被害人周某行凶，用腐蚀性化学物质泼洒周某头面部、躯干、手臂等处，用尖刀戳刺其胸腹部、背部等处，致周某送医院抢救无效于当日死亡。

根据长春中院刑事审判一庭统计，自2016年以来，该庭审理的故意杀人和故意伤害案件中，因婚恋纠纷引发的案件共30起，其中故意杀人案件24起、故意伤害案件6起，占同期重大杀人和伤害案件的40%。

长春中院的这个统计结果虽然不能完全代表全国的数据，但也足以引起我们的警戒。

树立正确的婚恋观，理性化解矛盾，对人对己，都善莫大焉。

我们先一起来看看比较合适的分手方式吧。

一

我建议，分手时要注意以下问题。

（一）要始终尊重对方

很少有人在受到他人拒绝的时候还能心情愉快，通常，别人的拒绝总会让我们感到羞愧、委屈或痛苦。尤其是在我们对某个人付出了很深的感情，自认和他/她产生了仿佛"你中有我、我中有你"的心理依赖后，这时候被通知"分手"，实在是种难以承受的打击。

我们是这样，对方也是这样。

因此，如果在你决定了不能和对方开展或维持一段关系的时候，要非常礼貌、小心谨慎地表达你的心意，要像保护自己的心不被伤害那样去妥善地结束关系。

这是对对方的尊重，也是对自己的爱护。

如果只是为了快点结束关系，而口不择言地侮辱对方；或者只是为了让自己心里减少自责，让自己好受点儿，否认自己曾有过的感情，就难免会让对方感觉受到了伤害。而在一个人感觉受到伤害的时候，出于冲动会做出些什么不合常规的事，谁都说不准。

如果用不适当的方式分手，毫不在乎是否伤害了对方，那么，即使有一些人会容忍你，但总有一天，伤害会回到你的身边。

在这里要重点提醒一句，无论你和对方从前是怎样的状况，有没有过情侣关系，在你拒绝了对方的短时期内，不适宜迅速结交新的男/女朋友，也不适宜大肆秀恩爱。

你当然有权利在任何时间结交新的男/女朋友，也有权利决定秀不秀恩爱，但是，你知道对方的心理状态足够稳定吗？稳定到能够承受住自己喜欢的人这样打击自己的自尊而毫无反应吗？

从另一方面来说，还没有处理好上一段关系，就迅速开始下一段亲密关系，是不是一种对自己负责任的做法呢？

（二）清晰明确地表达

在发现无法接受对方的爱或者要求分手的时候，无论觉得怎样为难，站在为对方好以及为自己好的立场上，还是需要及时、清晰地表达出你的意思。因为分手这件事是你深思熟虑的结果，所以表达清楚后就要立场坚定地坚持下去。

礼貌、温和却又意思清晰地表达并不等于态度含糊、模棱两可。

如果你态度模糊，对方就会一直揣测你的心意；而他花在揣测你心意上的时间，也许足够他找到更适合他的伴侣。

如果你真的爱过一个人的话，在你不再爱他的时候，温和却又及时地将这件事告诉他，就是你能为他做的最好的事。

你可以清楚地说出来"我们不要再联系了"，或者"你是个很不错的人，但是并不适合我"，甚至是"我无法对你动心，这对你是不公平的，你值得拥有更好的"。

不要为自己的理由装饰上一大堆冠冕堂皇的借口，或把责任推卸到其他人身上，比如"我很爱你，但我父母……""我对你是有感情的，只是我担心……"

如果你表现出的是情非得已的态度，那么对方就有可能误会，你对他/她是有爱意的，只是因为一些现实情况的阻碍才使你不得不忍痛离开。这时候，他/她很可能要选择去做那个坚决克服你俩之间阻碍的角色，会更投入这段感情，而不是转身离开。

在这里需要注意的是，实话实说不等于信口开河地伤害别人，一切有指责意味或推卸责任的话请不要说，比如"你很乏味""我从来没有真正爱过你，咱俩在一起只是误会"等。

（三）拉开和对方的距离

如果你明确说出不想和对方发展恋爱关系后，对方一时不能接受，表现出来反复纠缠和一定程度的偏执，在你多次温和并坚定地表示过立场后仍然无用，那么我建议，为了保护对方和你自己，你下一步的措施可以是适当"消失"。

你当然不必一定要拉黑或删除对方的联系方式，但你至少可以做到无论对方说什么或做什么你都不回应；甚至还可以考虑暂时到外地待一段时间。等过了这一阶段后，如果对方是在理性状态下，他会慢慢明白究竟发生了什么，从而考虑接受现实。

你不要以为你可以安慰对方，因为你本身就是那个带来"伤害"的人，现在你又想通过自己的努力抚平你带来的伤害，这可能吗？留下这个任务或这个机会给真正能对他/她好、在以后的日子里也在乎他/她的人吧。

如果你一边说"我决定和你分手"，一边却又含情脉脉地看着对方，给对方抚慰；或者对方都不联系你了，你又冒出来问一句"你现在过得怎么样"，那你传递的就是双重讯息，在这样的情况下，对方的"绝不放弃"也是可以预期的，他会认为你就是对他有感情。

还是那句话：如果你们确实相爱过，分手时能为彼此做的最好的事，就是在尊重对方的前提下，说清楚自己的决定，不再继续侵占、浪费对方的时间；并且能在对方情感有反复的时候依旧坚持自己的决定，在不侮辱对方的同时清晰表达自己的想法，使对方能够早日放下这段旧感情，去开始他的新生活。

这里最重要的一点提示是：避免分手时发生恶性行为的最佳方式，并非是在分手时采取什么防护措施；而是在开始和一个人交往的时候，就要慎重考虑，在详细了解对方的性情之后，再决定是不是要继续发展关系。

一个自尊心强、懂得爱护自己、尊重自己、珍惜自己价值的人，通常也会尊重别人，不容易做出过激的事情来。而一个经过慎重考虑才缔结成的关系，通常也会更少甚至不必经受"分手"的波折。一段容易起波折、最后发生恶性结果的事件，往往是因为参与这段关系的两个人在心理上都不够成熟而造成的。

琳琳点点头："尊重对方、清晰表达、温和坚持，我记住了。说实话，朱老师，对于这几方面，我确实有些担心。虽然这次是杨平劈腿，他有错在先，但是，我还是怕我提分手他不同意，情绪会很激烈。有了您建议的这几条，我心里踏实了不少。"

"另外，有些不好意思地说，虽然刚才我对您说，我要和杨平分手，但实际上，真的准备要去这样做的时候，我还是很忐忑。"

"您能不能给我讲一讲，到底什么情况下，分手才是合适的？我怕自己说出分手后，又会后悔。"

我很赞同琳琳这种对分手决定的慎重态度，于是我向她表达了对什么时候说分手的意见。

二

有很多人，即使在一段恋爱关系中痛苦万分、备感折磨，也总是下不了分手的决心；同时，也有很多人，为了些丁点儿小事，动不动就把"分手"挂在嘴上。

不管是忍受痛苦，下不了分手的决心；还是为了鸡毛蒜皮的事，动辄喊"分手"，都不是恰当处理关系的方式。尤其是没下定分手的决心，但又常提"分手"的人，往往在对方铁了心动真格分手之后，会悔不当初。

因此，决定分手时需要注意以下几个方面。

（一）除非你觉得两个人是真的不合适，否则不要做那个喊"狼来了"的孩子

感觉关系出了问题，合适的方法应该是努力寻找出现问题的原因，以及和对方探讨解决的办法，而不是动不动用喊"分手"的方式企图调动对方的积极性、验证自己的价值，更不能靠喊"分手"来发泄自己的怨气或怒气。

如果你不愿花时间、花精力去寻找问题原因，并尝试解决问题，只是习惯于动嘴喊"狼来了"的方式来验证自己的重要性，那么对方会接收到你并不愿意花精力来经营维护这段关系的信号，对方也会因此慢慢丧失维护这段关系的意愿。假以时日，总会有一次，当你再次喊出"分手"的时候，对方会如你所"愿"。这时候，你再后悔，再哭着喊着说你多么悔不当初，并漫天寻找各种不靠谱的方法寻求复合，也不一定能扭转乾坤了。

因此，只有在经过努力经营却仍然无法让关系走上正轨，以及经过深思熟虑准备好接受分手后一切后果的前提下再提出分手，才是比较合适的

做法。

（二）确定彼此不合适后再及时解除关系是妥当的

如果你真的通过一定时间的相处感到彼此不合适，而且做过适当的努力之后，发现两个人的分歧仍然无法消除，那么，在明白过来后的第一时间解除你俩的恋爱关系是合适的。

虽说古话云："宁毁十座庙，不拆一门婚。"但是，如果在恋爱阶段就发现了双方明显的不合适，在无法调和的情况下，"分手"才是对以后婚姻最负责的做法。

恋爱是婚姻的前奏。人们进行恋爱的目的，就是为了在婚前了解对方合不合适，看双方能不能互相适应，能不能在建立婚姻后和谐相处。

即使是古代媒妁之言、父母之命，也需要父母了解打听清楚对方的品貌为人。除了另有所图的那些婚姻外，没有一个父母不希望自己的子女能够婚姻幸福。

如果在恋爱阶段就发现了双方明显的不合适，而对方也不愿配合解决问题，那为什么还要维持这段关系？还勉强进入婚姻？建立这样婚姻的目的是什么？

结婚后，婚姻就不再是两个人之间的事了，而是连带着双方父母亲属两个大家庭之间的事，而且一般还会有孩子；这时候，婚前就已经积累在那里的矛盾如果进一步发酵，这场婚姻的结局会是什么？婚后分手所涉及的问题只会比恋爱时分手更复杂、更困难。

因此，"恋爱时发现的确不合适就及时分手"的建议，正是对"婚姻幸福"最大程度的保证，也是对大家日后婚姻的周全考虑，也体现了"不拆一门婚"的真正精神。

抱着侥幸心理，希望以结婚来解决恋爱时的矛盾，甚至希望以生孩子来缓和婚姻中的矛盾，都只是让矛盾复杂化的做法。

在我的咨询工作中，遇到这类案例的比例不少，来访者结婚后矛盾不断，不知道是该继续过下去还是该离婚，询问双方感情基础时，来访者回答："我们从谈恋爱的时候就是这样，三天一小吵，五天一大吵。"

"哦，那么为什么吵成这样还结婚了？"回答是："以为结婚后问题自然而然就消失了。"

可是，大家有没有想过，一座房子如果连地基都没有打好，那么，当它遇到暴雨或地震的时候会怎样？

不解决恋爱中存在的问题，期望靠结婚让恋爱中显现的问题自然解决，就像盖了一座没打好地基的房子啊。

（三）如果他是这样的人，你就可以考虑分手了

有关什么情况下可以考虑分手，我推荐大家阅读格雷格·贝伦特和莉兹·塔西璐合著的作品《他没有那么爱你》那本书。

那本书里详细举例论述了几种类型的男人，他们的表现都会让女孩子很困惑，不知道是该继续关系还是选择分手。

这些表现大致可以总结为以下这几种情况：

- 他总是那么矜持，没给你打电话，没有约你，大部分时间需要你主动。
- 他脚踩两只船。
- 他只有喝醉了、吃了精神类物品或遇到重大打击后才想起你。
- 他平时是个完美的情人，但就是不想和你结婚。
- 他动不动就提出分手，三不五时玩失踪。

- 他是别人的法定配偶。

- 他性情古怪，总是要把你俩的关系藏起来，接受不了公众共识的表达感情、宣示感情的方式。

在以上 7 条的基础上，再加上我在咨询中总结出来的一条：

- 他根本不是真的关心你在关系中的需要，当你俩的关系出现问题的时候总是搪塞敷衍，在这段关系中，无论是精神和物质方面，总是需要你付出的比他付出的多。

如果正在和你交往的人，他的表现和这些情况中的任何一条一致，那么，你就可以考虑分手了！因为这种种迹象都表明，他没做好准备和你在一起。

如果你感觉不到他爱你，那事实就是他真的不爱你。如果你感觉很迷惑，那也是他不爱你；就算是对你有感情，也到不了非你不可的地步。爱上你的男人绝对不会让你看不清他对你志在必得的念头，他唯恐错过你，唯恐表示得不够清楚而让别人把你抢跑了啊！

三

琳琳说："朱老师，和杨平的相处确实让我十分痛苦。这期间，我考虑了不下一百次要不要分手的事。我也为此看了很多书，其中有一本书上有这么一段话，让我一直在考虑。"

"那段话是在回答一个姑娘的问题。姑娘问的是，'我喜欢一个人，他似乎也喜欢我，可是每当我靠近他的时候，他就躲开；而当我心灰意冷，想放弃这段关系的时候，他又回来。我被搞糊涂了，不知道到底该怎么办，他到底是喜欢我还是不喜欢我'？"

"书的作者指导道，'他是喜欢你的，只不过心里还有恐惧，你所需要做的就是在他来的时候和他好好相处,在他逃开的时候默默等待,等某一天他把自己的恐惧处理好了,你就能得到你想要的爱情'。您对这个问题怎么看?"

我回答道:"不同的人对同一个问题有不同的看法,对这位作者的建议,我不做评价,不过我有几个问题。"

"首先,这个对爱情心怀恐惧的人,什么时候才能意识到他是在恐惧?并且愿意着手去解决这种恐惧?如果这个人始终意识不到他自己的问题,那么,我们是不是就要一直这样陪着他捉迷藏?"

"其次,一个人心理成长的责任,到底是谁的事?该由别人负责,还是他自己负责?"

"最后,我们生命的价值在哪里?是不是就在等待这个特定的人、帮助他心理成熟,然后和他建立恋爱关系上?"

"在这些问题之外,我还要提供一个科学研究的结果来为你做参考,用核磁共振扫描恋爱中人脑部的实验显示,当人们看到心仪的对象时,大脑会不可遏制地产生变化,产生一些神经递质指挥人们去行动。这种变化就好像原始人看到猎物一样,老虎或野猪固然让人们恐惧,但如果人们足够想要捕获这个猎物的时候,他就能克服他的恐惧做出行动。"

"根据这项试验研究的结论,我想,如果一个人喜欢你,却又没喜欢到足够克服他的恐惧的时候,那就说明他的大脑还没那么想要你。"

琳琳叹了一口气,说道:"我也知道,有一句话是这样说的,'墙再高挡不住想来的人'。我能看到别的情侣是怎么相处的。他们又是送花、又是送餐、又是摆蜡烛、又是发红包,可是杨平对我都没有的。"

"既然别的男人能为追求他心仪的女孩上刀山下火海,那么,怎么杨平就做不到呢?他是真的不行,还是他就是不想?所以,有时候我会想,可能原因是在我自己身上。我为什么就认为自己不配得到这样好的待遇？"

"我上个月买了一件连衣裙。当时我第一眼就看上它了，但是它标价有些高，我没舍得买。我站在那里好半天，用各种理由说服自己不要买了。比如：它不够典雅大方，穿上它可以出席的场合不多；我其实并不缺衣服，还有好几条别的裙子可以穿；这个夏天也马上就要过去了等。但是，这些理由最后都没起作用。"

"我当时是没有买，可是我回去后仍然在继续想，想了整整两天。两天后我下定决心回去买那条裙子，结果发现，店里已经没有合适我尺码的货了，我又请店员帮我调了货，最后帮我寄到了家里。"

"我就在想啊，我对一条裙子都能这么执着，怎么杨平对我还不如我对一条裙子热情高呢？而我明知他对我的感情都不如我对一件连衣裙的感情深，我还舍不得他，我是不是有问题呢？"

"这段感情真的只需要我单方面付出、默默等待，然后我俩的感情就会水到渠成吗？并不是这样吧？"

"就像您说的那样，感情需要双方的经营。我改变不了他，但我可以改变我自己。"

"我的时间也很宝贵，我不想再等了。"

第九章
复合与离别

大约一个月后,琳琳告诉我,她和杨平已经分手了。她的心情很复杂:分手后的前几天,心里很轻松;大概在一周后,一种失落的、孤独的感觉却慢慢地涌上了心头。

琳琳有些不好意思地笑道:"虽然这次分手是我自己提出的,而且我也受够了过去那段关系,想想就觉得备受折磨,如果再回去也只能是烦恼痛苦,可是我这几天确实是忍不住地想,要不要和杨平复合?尤其是在他给我发信息问长问短的时候。我不知道自己是不是还要再试一次,想听听您的看法。"

在我的心理咨询生涯中,我不止一次听到过不同年龄、不同性别的来访者,诉说出类似琳琳现在说的这样的话。他们有的是年届50的上市公司高管,有的是30~40岁走入婚姻多年的职业女性,有的是20~30岁从国外留学回来的高校教师,当然也有20岁刚出头的大学生。

他们都知道,他们所处的关系可能是不合适的,但是真的分开后,他们又忍受不了孤独。他们在感情关系外,看似有不少社会职务、繁忙的工作和学习以及丰富的人际关系,但是,当他们要决定和一段关系说再见的时候,这些其他的生活内容似乎一点儿也不能给他们带来帮助。

第九章 | 复合与离别

有句话叫"再坏的关系也比没有关系好"。一直是两个人在一起，突然变成一个人了，难免会感到不习惯，我可以理解他们的感受。

在我看来，复合或不复合都是可以进行的选择；在选择前，我建议，应该好好把下面这三个问题想一想。

一

（一）想一想复合的基础在哪里

你俩是为什么在一起的？又是为什么分手的？

如果你俩的开始就是没有经过互相了解的、匆忙的开始，在开始后才发现有种种不可调和的矛盾，那么在你决定要复合前，你需要好好考虑一下，复合后，你们的各种矛盾是不是就能自然消失不见了。如果原先的矛盾仍然无法解决，那么复合后，你俩关系发展的趋势也只能是将演了一遍的事再演一遍而已。

想清楚在一起的原因后，你可以再想想你俩分手的原因又是什么。是一时的冲动？是出于误会？还是经历过长久的共同努力仍然无法好好在一起？如果只是一时的冲动或者误会，那么，怎么做才能确保下一次不再为同样的问题而分手？如果是因为经过长久的努力，仍然无法好好在一起，那么，复合这段关系的意义在哪里？

在我看来，如果关系的双方在分手后各自独处的时间里，能因为关系中曾经出现的问题、遇到的挫折而提高对对方和双方关系的认识，并通过复合，在一起共同成长、共同进步，一起走向未来，给自己幸福，也给别人幸福，那么，"复合"才是有意义的。

(二) 想一想 "复合" 和 "不复合" 各自的利弊所在

复合，可能意味着重新回到那种熟悉的环境，你心里踏实了，不觉得孤独了；但同时也意味着又会开始无休止的争吵、不被理解的痛苦，永远无法让对方听懂你说的话、让对方睁开眼睛看到你的存在——这一切让你不快的东西又会重现。

然后想想你有多大能力改变这一切，或者你有多大毅力忍受这一切，直到你离开人世。

你唯一可以改变的，只有你自己；而对方，除非是他/她自己想改变，否则，谁也改变不了他/她。你改变后，这段关系可以走向良好方向吗？或者，他/她愿意配合你的愿望改变吗？

那么不复合呢？可能会寂寞、会痛苦，会觉得世界好大，而你好无能为力，好需要一个人来支持你。然而，你也很明白，即使回到过去那段关系，你也依旧得不到支持，因为那正是你们分手的原因。

如果你能依靠自己的力量或朋友的帮助，或什么其他来源的支持度过这一段难熬的光阴，你会发现，原来会有更美好的生活在等着你，而不是一定要纠缠在一段让两个人都痛苦的关系中。这个时候，你的信心、你的能力就得到了增长，你就能更好地面对这个世界。

如果你在纸上列下的"复合"和"不复合"的利弊如我上面所说的那样，那么，我建议你不要去复合。因为"不复合"会比"复合"更能带你走向幸福。

但是，如果你列出的利弊和我上面列出的不一样，你俩的分手是因为你对这段感情没有尽心尽力，你对对方仍然存在着很多尊重与欣赏，你对这段关系还有很多期许，那么，你可以试着去复合。

（三）无论选择"复合"还是"不复合"，记得你的目标是走向幸福

大约在 800 多年前，战功赫赫、威名远扬的岳飞，在一个深夜里，被梦惊醒，醒来后无限怅惘，挥毫写下了下面这些词句："昨夜寒蛩不住鸣。惊回千里梦，已三更。起来独自绕阶行。人悄悄，帘外月胧明。白首为功名。旧山松竹老，阻归程。欲将心事付瑶琴。知音少，弦断有谁听。"

岳飞是一位英雄。英雄，无疑是强大的，然而，英雄即使有那样强大的内心，在生活上遇到了挫折，在独自一个人的深夜里，也会有迷茫和焦虑。

我们每个人在漫长的一生中都会遇到迷茫和焦虑的时刻。在这样的时刻，我们该怎么办？

根据我的工作经验，如果这时候，人致力于排除这种孤独，恨不得想尽各种各样的方法逃脱这种孤独，这种孤独感反而会如影随形，时时刻刻伴随在人的身边，让人为之焦虑。只有允许自己沉浸在这种孤独感里，体会并接受"在这世界上，在某些时刻，人们可能不得不孤独"这样的感觉，人反而会增长与孤独和谐相处的能力。

人为什么会这么怕孤独？

因为，在婴儿时期，孤独可能意味着死亡、意味着消失，片刻的孤独可能意味着永远的沉寂。婴儿用哭喊挣扎来唤回外界的回应，以保证自己的生存，证明自己的存在。

那成年后呢？

当我们已经成为成人的时候，孤独是不是依旧那样可怕？是不是依旧

意味着我们的消失？我们有没有能力去分辨我们所处的环境是安全还是危险？我们有没有能力不依靠别人就相信自己的存在？

如果我们想得到"幸福"的话，是不是"不孤独"就是幸福的全部内容？我们该怎样才能实现幸福？

二

琳琳沉默良久，静静地思索了好一会儿，然后吐出一口气："朱老师，我不再考虑复合了。过去 8 年里发生的数不清的事已经告诉我，不必再尝试。"

"虽然不和他在一起，是让我感到寂寞；但是，我想想再和他在一起后，那些他不肯面对的问题、不愿改变的态度、无法沟通的状态，我就无语了。而且，他只是发来一些信息，却并没有什么实际行动，我想，如果他确实想和我在一起，那么经历过这些事，至少他应该有一些对我俩关系有建设性的、积极的行动吧？然而，他并没有。那就这样吧，让我接受离别，重新开始。"

"对于如何接受离别，您有没有什么建议？"

三

如果在你用真诚的态度、开放的心胸，尽了最大的努力了解自己、完善自己、善待一份关系后，仍然无法维持这份关系，那么接下来你只能接受离别。

离别对谁来说都不好受，尤其是对被宣告分手的那一方，这时候了解以下这些事实能缓解你的伤痛。

（一）问一问自己，为什么会感到痛苦

是因为感到自己丧失了价值，还是觉得自己受到了欺骗？抑或是别的什么原因？

如果是感到你自己价值的丧失，那么你可以想一想，在你生活中有他之前，你的性格、品性与才能都已经和现在一样了；在你生活中有他之后，你的这些内在改变了吗？增加了吗？假使你并没有因为认识他而发生内在的提升与改变，那么，现在分手为什么会让你感到你个人价值的丧失？你是将"他/她"作为增强你价值的标准了吗？

如果你是觉得自己受到了欺骗，对方可能对你并不真心，这些日子和你相处都不过是玩玩的，你为此而感到痛苦，那么我建议你可以去看看豆瓣网的"我失恋了"小组，那里有无数姑娘们发的帖子，不管是相识一个月的，还是相识 5 年、7 年、10 年的，都有分手的。你看了这些帖子后，也许会改变自己的心态，你会感谢这个和你分了手的人，即使他真的是骗你的，你也需要感谢他没有骗你骗到领结婚证后再翻脸。失恋永远要比离婚好。而且，在我看来，生活的意义就在于真实经历。

你是真心的，你拥有的所有记忆，快乐的、悲伤的、美好的、痛苦的就都是真实的，你的人生没有白过；你回想起这一切，你的心是踏实的。若他是不真诚的，是没有深刻体会的，那么他的这段人生和白白虚度又有什么分别呢？所以真是不必用他人的错误和遗憾折磨自己。

（二）靠一个人，跳不好一场双人舞

婚恋是场双人舞，尤其婚姻是两个人的事，只靠一方是不行的。无论你多么愿意和对方继续，对方不愿意了，那你就无法拖着对方按你的节奏

走。而当你和对方怎么练习也不行，不是踩脚就是磕磕绊绊，再不然就是跟不上音乐，甚至会互相绊倒，这时也只有换人了。

你不必再想为什么事情会发展成这样，因为这件事你已经想了几百遍了，该做的努力也已经做过了，你再想下去也没用了。你也不必再期望对方回心转意，不必把时间都花在等他/她的微信或电话上，至于他/她有没有新欢，那更不是你需要注意的事。

你现在要做的，只是承认这个事实。你需要花费精力的地方，是怎样才能让自己重新快乐起来。

(三) 想一想你俩不合适的地方

难道你俩的相处都是完美的吗？一点儿分歧和矛盾也没有？如果是那样的话，你俩怎么突然就走向了结束？

你可以回想一下你俩在一起所有发生矛盾的时刻，以及最终那些矛盾无法解决时的情况。这样的回顾会让你变得比较清醒，认识到你俩走到这步并非偶然，而再继续下去也未见得对双方有益处。

如果你实在控制不住去回想对方身上让你至今无法割舍的吸引你的地方，那你也可以想一想，这些品质或性格特点真的是在这世界上任何其他人身上都再也找不到了吗？

你可以开始想象，你如何又遇到了一个具备你所有欣赏的品质同时又对你一往情深的另一个人的情景。

(四) 想一想你生活的目的

想一想你在遇到他/她之前对自己人生的规划，有没有改变？

你活在这个世界上，就是为了和这个人建立一段感情关系，并且让这段关系操纵你所有的喜怒哀乐，你的生活完全没有其他内容，你也不准备有其他内容吗？如果真的是这样，那我强烈建议你去寻找心理咨询师和他讨论一下你这样的想法；如果不是的话，那么只是这个人不能或不愿和你分享你的美好梦想而已。

这确实很遗憾，但并不是彻底的黑暗。你要相信，这世上还会有别的人，愿意参与到你的梦想中来。

（五）发现你的优点，欣赏你的价值，重建你的自信

你当然是值得爱的，只是离开你的那个人没能欣赏你的优点，没能全心全意地接纳你。你想要这样一个不能接受你全部的人继续待在你的生活里吗？你不值得一段被全心全意珍惜和对待的关系吗？

在暂时没有其他人来爱你的情况下，先做到自己爱自己吧，用一种对待儿童或者对待自己最亲近的朋友的态度来对待自己吧。先学会爱自己，你才会爱别人，才能让别人感受到爱啊。

（六）假想一下你俩已经生活在一起的场景

如果你俩不分手，可以继续下去的话，生活就一定会完美和谐没有任何问题和矛盾了吗？那可不是一天两天，而是一生的时间啊！而且参与你们关系的，将来也不只是你们两个人，还有你们的各种社会关系，你们要面对的，不仅是感情上的问题，还有物质上的问题，你觉得你俩之间的关系真的可以应对任何问题吗？即使你俩是真的深深相爱，当遇到一些不能克服的问题而必须分开的时候，是不是生活就不能继续了？

想一想、查一查有没有哪些虽然深深相爱，但却因为社会原因、宗教原因、历史环境原因而不能在一起的人，了解一下他们是怎样保留着自己

的情感却又好好生活着的。

（七）寻找帮助

你可以找亲人、找朋友或者心理咨询师倾诉你的痛苦和烦恼，从他们那里得到帮助和支援。你可以去做让自己开心的事，比如看书、唱歌、跳舞，或者听段相声让自己放声大笑！你可以把你未尽的哀伤和愤怒写在纸上，就像对那个让你伤心的人当面倾诉，只是不要把它寄出去。你可以做一切你觉得对你有益处、让你感到舒适的事。

最后，如果你认为自己已经尽力而为，已经过了至少两个月的时间，却仍然无法正常生活，仍然无法做到上面任何一点，依旧觉得你生命的全部意义就是他/她，只要能和他/她重新在一起，你可以忍受任何痛苦，付出任何代价你都心甘情愿，那么，我建议你可以寻找专业的心理咨询师谈谈，进行一个正规的心理咨询。

四

琳琳点点头："我了解了，朱老师，我还想问一个问题，就是情侣分手后还适合做朋友吗？我有一个朋友总是对我说，做人留一线，日后好相见。这里的分寸该怎么把握呢？"

对于情侣分手后适不适合继续做朋友的问题，我认为要分人、分情况来讨论。

（一）可以做朋友的情况

如果你俩深深相爱，只是因为一些客观的因素不得不分手，比如遭遇到因某些社会环境变化造成的人力不可抗拒的事件，那么分手后是可以做朋友的。因为你俩之间的感情不是消失了，只是被封存起来或者得到了升华。你俩即使这辈子再也没有相见的机会，那份感情也是不会有变化的，甚至还会更加让人觉得美好永恒。

或者是，你俩虽然分手了，分手的原因却是双方认可的，是彼此心平气和共同做出的决定，虽有惆怅，但也是一别两宽，而且彼此都确定了即使有联系，也不会旧情复燃，那么，这种情况下也可以继续做朋友。

（二）不可以做朋友的情况

在以下这几种情况下，我的建议是"放弃做朋友的想法，各走各路吧"。

- 因为你对他/她心存歉意，想以"朋友"的名义表示自己没那么绝情。
- 因为你想把他/她留着，做你感情空虚寂寞时的填充。
- 因为对方提出要做朋友，你不想做，却又不好意思拒绝。
- 你俩分手前闹得很不愉快，仍有一些未解决掉的恩怨情仇。
- 因为他/她有钱或有所谓的发展前途，你担心自己会有困窘时刻，希望继续做朋友，以便在需要的时候得到他/她的帮助。

我认为，如果爱，就好好爱，如果不爱，就干净利落分手，别用一些乱七八糟的想法，污染了你们从前还有过的干净。感情就是感情，不要拿"金钱"等利益来败坏它，也不能拿市场规则来衡量。

说到这里，顺便提一句，有些女孩子爱给自己储蓄"蓝颜"，不知是在担心什么？担心万一有朝一日真的嫁不出去，找这个人来接盘？

你想没想过，"蓝颜"也是需要时间来打理的。而你如果把时间都放在打理"蓝颜"、留后路上，请问你哪来的精力谈一场专注的恋爱？而你本身的态度都不专注,这场爱情又凭什么会走向美好的结局?

"玩暧昧"也是如此,你是在浪费自己的时间。你不结束过去的、不够好的关系,就不可能开展新鲜的、足以让你满意的关系。

第十章

第三者能幸福吗

"还有一件事,让我十分困惑,"琳琳对我说,"虽然这件事和我没多大关系。您知道,杨平劈腿了,有时候我难免会想,为什么有人要去做第三者呢?做第三者,真的能得到幸福吗?"

琳琳的问题,让我想起来前不久另外一个女孩子问我的相似的问题。

那个女孩子问我:"我看上一个男生,可他已经有女朋友了,我不知道该不该把他撬过来?不撬吧,实在很难得遇到这么一个能让我动心的人。撬吧,好像做'第三者'很不道德。而且,撬过来后真的会好吗?我不知道,我到底要不要去做第三者?"

看起来,虽然我们打从幼儿园起就被教育"别人的东西不能拿",但是,随着年龄的增大,面对诱惑的逐渐增多,我们小时候所受过的那些教育的影响力也在日益减弱。

对于做第三者能不能幸福这个问题,我给不出确定的答案,因为对于不同的人来说,"幸福"的含义是不同的。

也许在大众看起来的"幸福",并不是乐于当第三者的人所看重的;而做第三者的人认为的"幸福",我们也未必能认同。所以,对于这个问题,我只能说:"到底幸福不幸福,那是'如人饮水,冷暖自知';你只需要知道,你做了第三者会不会感到幸福就可以了。"

不过，对于要不要做"第三者"这个问题，只要有人开口问我，那么我给出的确切回答一定是"不要做"。为什么？因为只要这个人问出了这个问题，就说明这个人根本不具备充当第三者的"资质"。我认为，第三者不是谁都有本事能"当好"的。

看几个例子吧。

一

（一）天涯神帖——"超级会抢别人男朋友的大表姐"的故事

天涯情感论坛上有一个帖子，名叫《818 我的大表姐，一抢一个准》。这帖子很长，大概写了有近两万字，作者是一位姑娘，把自己大表姐如何从高中开始就从别人手里"抢"男朋友的事，以揭示内幕的方式做了介绍。

这个帖子太长，这里就不原文抄录了，我只说说这个帖子给我留下深刻印象的几个地方。

- 这位大表姐智商过人，她是学化学的女博士，在某研究所工作。
- 这个大表姐长得漂亮、有气质，头发长长的、瘦瘦的，身高大概 165 厘米，不戴眼镜。脸是椭圆形的，像琼瑶剧里面的女主角。
- 这个大表姐有才艺，她从小学的乐器是小提琴，初学时家里人嫌难听，就自己躲在厕所里练习，来客人了出来打个招呼后回去继续练习，常年坚持，每天至少练 1~2 小时。
- 这个大表姐做事很有条理，平时至少会提前半个小时准备好出门的一切，带好所有需要的东西，并且化好妆。那多出的半个小时，她会看书。

- 这个大表姐认真护理保养自己。就算刚从实验室里出来，疲惫不堪，手里拿个冷馒头在啃，身上罩一件破且脏的大褂子，头发扎个马尾辫，再七绕八绕绕成个团，也一点儿不会让人觉得她邋遢。她头发可能是前一天才做过的护理，她的脸没有很明显的妆，但是一定是基础护理做得很好。她的手，实验做完后肯定洗得很干净，再抹上厚厚的护手霜。大褂脱掉，下一秒她就可以去约会。

- 这个大表姐超有毅力、超有决心、超有规划，同时，从不在意别人说什么。有关毅力和不在意他人看法的事，从前面她练小提琴的事上可窥一斑。此外，她从不赖床，是那种闹钟响一遍就会起床的"可怕"的人。假日赖床，不会超过半个小时。

她从高中起，每次在准备"抢"人男朋友之前，都会规划好全盘计划，然后一步步去做，每步都做得很自然，每次差不多都是运用"靠近你、绽放光芒吸引你、让你自己走过来"这样的步骤，而绝对不是靠演"傻白甜"、装柔弱、弄阴谋诡计那套来达到目标。

在这样的过程中，即使当事人能看出她在做什么，也没办法说她些什么。而这位姑娘平常的人际关系也处理得很好，等事情发展到后来，甚至都会有人赞同她，认为她追求真爱没有错。

如果你想当第三者的话，请问，你能不能做到这位大表姐做到的一切？而且20年来如一日毫无松懈？

（二）某成功"撬"人女友，矮、丑、非土豪男士的自述

这是我很久之前在网上无意中看到的一个帖子，帖子的题目现在已经忘记了，但帖子的内容却留在了我的脑海里，我被帖主抢夺别人女友的具体行动和他平静叙述这件事的态度震惊了。

帖主自述，他身高一米六几，长相一般，并非什么土豪、富二代或官二代，但他头脑灵活，学术能力强，虽然只是个硕士，但已经能够独立带团队了。

在他的生活中也不是没有女性向他表示好感，但他是个对生活有追求的人，对没有达到他理想要求的人并不感兴趣。

某年假期做项目，帖主的实验室缺人，需要暑期临时工作者，一向对他有意的学妹介绍了一个"软妹子"来工作，这个"软妹子"性格柔顺，长相漂亮，帖主一见动心。

帖主从师妹处了解到该软妹子已有男友，男友是学表演的，长相英俊，两人感情也不错，相处一年多了，但这丝毫没有影响帖主实施计划的决心。

他进一步详细了解情况，冷静分析局面，从对方貌似完美的感情状态中找到了下手之处——那个学表演的男生比较骄傲，不太会照顾女孩，同时爱嫉妒。

帖主具体实施计划的细节在这里我就不一一复述了，以免有心人有样学样，造成不良影响，大体来说，就是帖主进行了一系列"阴谋诡计"，无中生有地制造了一些事件，使那学表演的男生对女生产生怀疑，两个人吵架。

在两个人吵架的期间，帖主一方面表现出对女孩的关心、同情与体贴，一方面又不失时机地展示自己在事业上的聪明才智与拼搏精神，同时又恰到好处地流露出适当的软弱无助和对女孩的依恋，从而成功地唤起了女孩对他的钦佩、感激、怜爱等各种感觉。

事情发展到最后，原先美满的一对分了手，在女孩为此黯然神伤的时候，帖主趁机表白，同时勇敢地说出了大部分事实。他认为，自己争取爱情的方式虽然有失厚道，但也有合理性，如果不是因为女孩那位前男友对感情不坚定，对女友缺乏信任，对问题缺乏处理应对能力，他也不会成功。

女孩得知这一切后，她的反应并不像电视上演得那样，恍然大悟然后激动愤怒，给帖主一记耳光之类的，而是默默地说了一句"我知道"，就依偎进了帖主的怀抱。

考虑是不是要去当"第三者"的你，看到这里，又有什么样的想法？

你有没有这位男士的"本事"？能在搞好自己生活和事业的基础上，还有精力去统筹规划一场"爱情战争"？并且有时间和实力去将各种措施落实？能在取得自己想要的结果的基础上，还没有惹火上身，即使在目的达到的时候，都没让"对手"意识到还有他这样一个"敌人"存在？

二

看完这几个例子后，你有没发现，无论是"大表姐"还是"科研男"，首先，他们个人都具备相当强的实力，对方的出现对他们只是锦上添花，而不是非对方不可；其次，他们都有智力、有毅力、有恒心，事先没有一个人对自己做的事有所犹豫、有所顾忌，事后也没一个人对自己做的事感到后悔。

所以，我对凡是提出"要不要做第三者"的回答一律是"不要做"，原因就是我说过的那样，只要你问出这个问题，就说明你不具备做第三者的能力。而且，还有一条原因是，如果你做第三者是为了爱情的话，那么也没必要去做。因为，爱你的人不会让你成为第三者。

你平时看不看什么古代言情小说？假使你做了一部小说中的女主人公，遇到了一名文武双全、权势弥天还对你深情意厚的男子，你也对他倾心不已，然后他对你说："我虽然爱你，离了你不行，我只能让你做我的妾，不能把妻子的位置给你。"

同时他确实对你很好，给你花钱，为你买礼物，为你做饭，在你困苦的时候听你说话，帮你出主意，悉心陪伴你，还给你置办田产，安排你余生的用度，也会带你在他的朋友们面前出现。

但是，他也会让所有人知道，你不是他正式的、平等的伴侣。他还会提醒你，当他妻子在场时，你要向她低头表示服从和恭顺。当有重大事情发生时，公开和他并肩而立的人，是他妻子而不是你。当他妻子和你同时有需要的时候，得先满足她妻子的需要。

在这种情况下，你会同意他的主张吗？你愿意接受这样的关系吗？你感觉，他这样对你叫不叫"爱"？

不管是小说还是现实，在这样的形势下，无论这个妾平时多么受宠爱，可只要她公然表现出对女主人的不尊重，或者试图谋求转正，那她是随时会被灭掉的。而且，如果做妾的话，要涉及的也不只是女主人公一个人的事。妾的父母，不被当作正经亲戚对待，形同仆人。妾的子女，即使经济上能得到保障，地位上却永远被人低看一等，未来的婚姻可能也会受影响。

现在虽然不是古代了，但类似的情况依旧没有大变化。"第三者"无论是从经济上还是从情感上都不会得到满足。甚至在当代社会里，待遇还不如过去。古代的妾能公开和男主人的关系，当代的第三者大部分只能偷偷摸摸和情人见面。

爱你的人，不会给你当"第三者"的机会，他/她知道第三者的为难，他/她不忍心让你受委屈。

如果对方明确表示愿意给你的只是"地下工作者"的位置，你依旧一边满怀痛苦，一边身不由己地无法摆脱，那么，我建议你去寻求心理咨询师的帮助，在咨询师的陪伴下，去找一找到底是什么原因让你宁愿如此卑微、痛苦地度日？

如果对方并不明确表示，把你放在什么位置，实际的行为却是在你和另一个女人之间表现出一副左右为难的样子，那么，我也建议你应该好好想一想，这个男人爱的到底是谁？如果这个男人是真的不知道自己爱的是谁，我想问，你想要这样对自己的需求都不明白的男人做伴侣吗？如果这个男人是两个都很想要，那我想问，你愿意陪着这种贪心、不愿为所想所得付出代价的男人玩游戏吗？

在左右摇摆中，时间在流逝。这个男人做不出选择，可能是怕选择错误，可能是怕受人抱怨，也可能是怕影响自己在女孩心目中的形象，但是，他怕这怕那，唯独不怕耽误了你的时间，使你错过和能一心一意珍惜你的人相遇的机会。你是要让他继续浪费你的光阴，还是向前走，去和那个坚定地认准了你的人相遇？

三

虽然在上面我举了几个"成功"的第三者的例子，但是在我看来，即使得到了一时的"成功"，也未必意味着一世的成功。

第三者成功上位的婚恋关系，后续的发展情况可以分为以下几种：

- 婚恋双方各得其所，相亲相爱，发展顺利。
- 婚恋双方婚前各种关系就混乱纠结，婚后继续混乱纠结，导致"相爱相杀"，纠缠一生。
- 婚恋双方无法相亲相爱，也无力"相爱相杀"，结婚一段时间后分手。

而那些始终上位不成，"三人行"的关系保持很多年乃至一辈子，三个人都迷茫痛苦的情况，在这里也就不必讨论了。

根据上面这几种结果，我想，与其考虑"撬过来了，会有好结果吗？"，不如考虑"在这个撬的过程中，需要付出多少？什么时候才能有结果？假使这个结果不是好结果，我该怎么应对？"

婚恋关系从来就不是个简单的问题，即使是那些和第三者问题毫无关系的婚恋，一生是不是能有幸福美满的结局都无法确知；而当婚恋问题涉及第三者的时候，这个问题就会变得更为复杂。

在我个人看来，无论是从心理学上看，还是从经济学上看，做"第三者"都是一项投入和产出不成正比的活动。在这项活动上，你所投入的心力、时间，要冒的风险、要吃的苦头，如果用在自己的事业发展上，或者换一个没有婚恋关系的人去追求，所能得到的结果可能会比执意做第三者要让你舒心快意得多。

四

此外，我还需要提醒大家的是，当"第三者"除了"性价比"值得好好思量外，有关人身安全的问题也很值得警惕。

人类都有不择手段保护自己所有物的本能，所以当有"第三者"出现的时候，人们常会采取一些极端措施来维护自己的权益，我们不但常常可以看到有关女性"第三者"被当街剥光衣服殴打的报道，也会看到有男性为了争风吃醋打架斗殴甚至出现"情杀"案件的新闻。有关部门统计，最近几年的刑事案件中，因婚恋纠纷引起的比例较前些年有明显增高。

原本我们谈恋爱是为了享受幸福的，可发展到后来却使自己陷入被伤害后还得不到社会舆论安慰和支持的地步，这是不是太得不偿失了？

有关"第三者"的案件里,让我印象最深刻的是媒体不久前曝光的曾爱云案。

曾爱云,湘潭大学机械工程学院硕士研究生,2004年6月,被湘潭市检察院以犯故意杀人罪向湘潭市中级人民法院提起公诉。

曾爱云之所以被牵涉进案件,就是因为他要谈的女朋友和那位受害者之间存在还没有处理好的恋爱关系。也就是说,他处于一个他人未结束的恋爱关系、被当事人视作"第三者"的位置上。

或许曾爱云自己对这种情况是不知情的,但是,不管他知情还是不知情,最后这案件使他付出的代价是在监狱里待了十多年,直到2015年7月21日,他才被最终判定无罪释放。这个时候,他已经38岁,一无所有。而他昔日的同学们,都已纷纷成家立业,其中不乏事业上有所成就者。

2015年7月23日晚上,曾爱云告诉记者,自己家世凄苦,自幼丧父,母亲又残疾,是靠着三个舅舅和哥哥的资助才得以完成学业的。一名寒门学子,辛苦读书,十几年寒窗之后,最后落得如此结局,是不是非常可惜呢?

在这个案件里,如果不是因为曾爱云进入了一段他人没结束的感情纠葛,承担了"第三者"的身份,那么他就不会被卷进这桩案子里来,真正的凶手陈华章即使找替死鬼也找不到他身上。

古语有云,"千金之子,坐不垂堂",你认为自己的生命价值几何?这种纠缠不清的关系,值不值得你用生命卷入?

五

最后,再一起来看一看怎样避免自己的幸福被"第三者"破坏。

我建议可以注意以下几点。

（一）在建立婚恋关系前，允许自己和对方去适当经历

"恋爱"本身就是个互相了解、互相选择的过程。出于对婚姻的慎重，我建议恋爱前，要在保证安全的前提下，给自己和对方一定的经历机会，以免结婚后出现各种问题。

如果我们大家婚前经历十分有限，只认识、交往过一两个人，对世界都不了解，认为和谁在一起不过都是这个样子，然后就懵懵懂懂结婚了，婚后有一天忽然遇到了一个对自己有强大吸引力的人，想想看那可能会发生什么？

豆瓣上常有一些失恋的姑娘们发的帖子，内容常有"已经订婚了，他忽然和我分手""结婚前夕，他反悔了""相恋五年，他和我分手了"。发帖子的姑娘们悲痛不已，可是我想说的是："姑娘们，难道你们不愿意这时候放手，却愿意在结婚后再离婚吗？"

结婚前分手，至少说明这个男人有一定的担当，能承受住来自各方面包括自己内心的压力。如果明明发现不合适，还硬着头皮结婚，那么在惊动了双方亲朋好友、劳民伤财举办了一场声势浩大的婚礼，甚至都有小宝宝后再离婚，这样对大家来说岂不是更糟糕？！

所以，本着为婚姻负责、为自己负责、为他人负责的态度，我建议在婚前应该增加经历，多接触不同类型的人，了解最能满足自己情感需要的到底是什么样的人，以避免将很多问题遗留到婚后再解决，反而容易增加婚姻的危机。

据说古时候大户人家的子弟到了一定岁数都会被家里长辈安排，带去一些声色场所让其有所经历，目的为的就是避免他成人之后遇到一些诱惑无法自持，从而做一些错误的决定。

这个方法类似我们心理学上的"脱敏"疗法。你不是对这样的东西敏感吗？那就让你天天接触，接触到你习以为常、觉得不过如此的地步，你也就能够正确处理和对待这些事了。

有的女孩子不但不给自己经历的机会，还每天都担心自己的男友不看紧就会跑掉，对这个现象，我想问一问，现在你俩还没结婚呢，你就不放心自己对他的吸引力，想靠着责任、道德这些来维系你俩的关系，那么，你俩的关系能有多牢靠？

结婚前你就开始这么"看"了，结婚后呢？也是这样？把一辈子的精力都用在时时刻刻看紧身边这个男人上去吗？正做"现任"的女孩子，你们相信不相信自己的魅力？相不相信自己和男朋友关系的深厚牢靠程度？相不相信即使自己和这个男朋友分手，也还会再遇到更加适合自己的人？

如果你们足够相信，那么，对于觊觎你们关系的人，你敢不敢说一句"放马来战"？如果你不够相信，那么，我劝你与其把力气花在盯人战术或瞎担心上，不如放在找出你俩的问题所在、好好进行关系的调整上去。

在谈恋爱的过程中，男女双方其实都可能会有动摇的时刻，我认为这未必是坏事。这样的动摇会带来关系的改变，会让我们发现关系中可能存在的问题，让我们重新审视我们的感情。如果经过审视后，选择继续这份关系，那么，这样的动摇反而能增加我们对感情的坚定性，让我们对自己的感情发展更加有信心。如果经过审视后，发现有无法解决的问题，那么及时结束这份关系也比稀里糊涂地结婚要好得多。

只有当我们看尽繁花、定下心来后做出的选择，才是真正的选择，这样也才是日后婚姻稳定的真正保证。

(二) 好好经营，防微杜渐

很多人一确定关系就以为感情进了保险箱，就不需要再费心经营了，实际上，人和人之间的关系是时刻变动着的。曾经亲近的人有可能会反目成仇，曾经有矛盾的人也可以化敌为友。

一个既有的关系就像历史上的一个朝代，每个朝代一开始的时候都是比较稳定的，然而随着时间的迁延，各种矛盾会不断出现。

如果你想维持你"王朝"的永久"统治"，你就需要用心来经营，别把你的爱情和婚姻当做一份开始了就不能改变、"买"下了就放在家里的"先到先得"的物品；而要记住，它是一份时刻充满变化、需要精心维护的"价高者得"的动态关系。

如果你能维护好自己既有的感情关系，将你和你爱人的关系放在心上，时刻维护、时刻经营，那么，你们的关系就可能会牢不可破，没有人能将之破坏，即使是有心破坏它的第三者也会望而兴叹。而如果你忽视这份关系，认为已经建立的关系不管你如何怠慢、如何疏忽，它依旧还是你的，那么即使没有人侵犯，你们的这份关系也是摇摇欲坠，不等"第三者"进入，一旦遇到什么其他变故就会分崩离析。

(三) 打得过就打，打不过就走

"第三者"是感情或者经济利益的争夺者。面对这种争夺，如果你想要这份感情或经济利益，那就要想方设法打败他/她；如果这份感情或者经济利益对你算不上什么，你可以转头就走。

假使你既不"打"又不"走"，而是忍气吞声地指望着你的男朋友或丈夫"良心发现"，靠他自己做出取舍，那你就是把决定自己命运的权力交到了对方手中。这种自己什么都不做，眼巴巴期望别人做出有利于自己或说出符合自己愿望的选择的行为，算一种什么样的行为？能有什么样的收获？

假使你已经尽了你最大的努力后，你的伴侣仍然犹豫不决、做不出决断时，那么我建议你也可以考虑转身离开了。他这种貌似不做选择的行为，实际上已经是在做选择。他的选择就是希望两个都要，就是希望能纠缠在这种混乱的关系中渔翁得利。而"第三者"之所以能够阴魂不散、持续骚扰的原因，究其关键就在于你俩争夺的那个人允许他/她如此侵犯自己现在的生活、侵犯你俩的空间。在你的伴侣态度如此明显的情况下，我认为"离开"是你所能做出的最节约你时间、最有利于你寻找幸福的决定。

你值得被一个欣赏你的、你也爱慕的人珍惜并专心对待。当遭遇第三者的时候，珍惜你的人会和你并肩作战，而不是坐在那里等着你独自力挽狂澜。

我劝你"打不过就走"，还因为，做第三者的除了一些一时糊涂的姑娘，还有一类专门以做"第三者"为乐趣的姑娘。这类姑娘所追求的根本不是一段稳定的感情关系，而只是以"争夺"为快乐。她们对于单身的、可以正常发展关系的可能对象丝毫不感兴趣，只对"撬"别人的男朋友兴奋，而一旦这个人被"撬"到，或者向她们表示了决定和她们在一起的想法，她们就会立刻感到寡淡无味，要么主动退却，要么悄然消失。

假如你遭遇的是这样的偏执狂，那么，只要你的伴侣有一点儿动摇，这就会是一场旷日持久的战争，为了不把生命中有限的光阴花在和有心理疾病的人的斗争上，我建议你撤退。假使这个男人不能和你一起捍卫你们的幸福；那么，至少你还可以选择独自追求你自己的幸福。

六

琳琳沉思了许久，郑重其事地点了点头，她说："每个人都有自己的生活原则和生活方式，对于幸福大家的定义是不同的，每个人会为自己认为重要的东西去努力，每个人也必须为自己的行为结果负责。"说到这里，她又笑了笑："我想到了网上讲的年轻女子和老年男人婚姻的例子。那些和我年纪相仿的女孩子都结识年长的名人了，可我还陷在和一个不成熟的男人的感情纠葛中呢，我羡慕她。"

"但是我也想过，如果把我换到这些女孩子的位置，我是不是就感觉幸福了？我感觉，我幸福不了。因为对于我来说，金钱和外界的羡慕虽然享受起来都挺美的，可是要和一个那么大年纪、肌肉松弛、满身皱纹的男人近身生活，简直是不可能的事情，所以，我佩服那些女孩子，但是我确实做不了她们。"

"她们晒出来的被人羡慕的东西，都是付出相应代价后才得到的，内里发生了什么故事，我们外人都无从得知。而得到之后，最后的结局又是什么，不到盖棺定论的时候，谁也说不准。所以，就像您说的，如人饮水，冷暖自知。不用管人家幸不幸福了，把握好自己的幸福才最要紧。"

"而把握幸福这件事，我现在意识到了，还真的是需要付出努力的。就像谈恋爱这事吧，并不是说开始一段恋情了，对方就自然而然地会符合我们的期望，这个过程里，还有很多事要做，而且是需要双方一起去做的。"

"那么，您能不能给我讲讲，假使我现在要重新开始一段恋情，我需要注意哪些事？我虽然有所经历，但还是有些糊涂呢。"

第十一章

再出发

琳琳问我:"假使我现在要重新开始一段恋情,我需要注意哪些事情?"

我反问琳琳:"在我回答你这个问题之前,你能不能先告诉我,你现在如果要重新开始一段恋情的话,你的目标是什么?你是只想找个伙伴一起经历一段人生的时光,还是想走向婚姻,建立一生的关系?"

"当然是要走入婚姻,建立一生的关系啦。"琳琳很诧异,"您怎么会这样问?"

我回答:"没什么,我只是确定一下你的想法。因为现在社会发展了,大家谈恋爱的目的未必相同;还有,因为你刚刚结束了一段关系,有时候,有的人在这样的时刻,会对感情产生怀疑,会有再也不想一辈子的事、不如得过且过的想法。"

琳琳笑起来:"朱老师,您说得没错,我前段时间确实有过这辈子不如就这样算了的想法,再也不想和人谈恋爱了,累死我了。如果真能再遇到什么人,他要是追求我的话,我就享受一下随心所欲的滋味;如果遇不到,也就算了吧。"

"但是经过一个多月的独处,我发现,自己还真没那么强大,这辈子,我还是需要一个伴侣的。所以,现在我想问您的是,如果我想好好开展一段能够走向婚姻的感情的话，我需要注意哪些事项呢？"

琳琳的话让我深感欣慰，因为，就像这本书一开始写的一样，我们做一件事前，如果事先做好计划和准备，这件事就容易成功，而不做计划和准备的话，就容易失败。婚恋尤其如此。

如果一个人谈恋爱只是因为"没有原因啊，到岁数就该谈了呗"，或者是"别人都谈，所以我也谈谈呗"，那么，日后他的婚恋出现问题，也是可以预料的事。

当一个人没有目标，不知道自己要干什么、要往哪儿去的时候，这个人做成事情的概率有多大呢？

所以，琳琳这次在开始恋爱前，就准备先对未来做规划、确定目标、了解可能遇到的阻碍的做法，让我感到她在进步，我为她的成长欣慰。

一

要想开始以婚姻为目标的恋爱，我认为，首先需要先了解的是：婚姻到底是怎么回事？和一个人缔结婚姻，意味着什么？

在很多年轻人眼里或心里，会把婚姻当做天然的避风港，以为一旦缔结了婚姻，幸福和平静就会自然而然地到来。他们会以为，只要结了婚生活就稳定了。结婚后，可以有一个地址被称作"家"，让人在心里牵挂；这个家，环境整洁、气氛温馨，三餐有人帮着料理，衣物有人帮着打理，身体有人帮着照顾；在这个家里，会有一个人照顾自己、体贴自己，无论自己在外面遇到怎样的艰难困阻，这个人都会坚定地和自己站在一起！

很好，这样的想法很不错，但是，通常在大多数情况下，这种想法只是一种理想境界。真正的婚姻可能是下面这个样子的：

自从双方家长会面谈论操办婚事开始，大大小小的矛盾就开始层出不穷，矛盾包括且不局限于以下各种：采取怎样的婚礼形式？在什么地点举办婚礼？酒席的价格？婚庆用品的选择、筹备，以及由谁付钱？婚房租用、购置以及装修问题等一系列的大事小情。

然后在婚礼操办的当天，还可能出现以下问题：男女双方各自的亲友对婚礼是否足够重视？他们在婚礼上的言谈举止是否得体？是否表现出了对对方应有的尊重？谁家的亲戚是否说错了什么话、办错了什么事？天气、客人、酒店是否能如预期中一样配合，让这场婚宴顺利完成？

婚礼结束后，恋爱的双方就变成了婚姻的双方，对方的亲友关系此时也成了你的亲友关系，原来一些八竿子打不着的人，现在也可以理直气壮地对你提出各种要求。

曾经那个衣冠楚楚、风度翩翩、眼神带电、对你无微不至的你的男神或女神婚后有时忽然变成了另一副嘴脸。比如：你会惊讶地发现他/她睡觉的时候居然会打呼噜？睡醒的时候也会蓬头垢面有眼屎。他/她在家里会不修边幅地走来走去，而上完厕所后竟然会忘了冲水！他/她不读书工作的时候首选的放松方式居然是对着手机目不转睛而不是对着你献殷勤！

接下来，婚姻双方原先没考虑到的很多事情都蹦了出来，比如：扫地洗碗做家务谁干多谁干少？挣钱买车买房子，谁出大头谁出小头？养了孩子后，谁主带谁辅助？在这个家庭里，是不是挣钱多的人家务就可以不做，而且还要说什么算什么？

而这些都还不算什么，最要命的是，当你觉得疲劳、沮丧、委屈的时候，原先以为那个最能支持你的人，却居然变成了对你最不满意、最不能包容的人！天啊，这是怎么回事啊？

本来想走入幸福，怎么好像走进了一个陷阱啊？

是啊，怎么就走入一个陷阱了呢？怎么才能避免进入这样的陷阱呢？

一起来了解一下"婚姻"的产生与演变吧。

二

（一）婚姻制度最初建立的基础是"私有制"，而不是"爱情"

上面这个标题是不是让你大吃一惊，或者大失所望？然而，这就是事实。婚姻生活固然是人类社会生活的重要组成部分，但是，婚姻家庭制度却不是自古就有的，它是随着社会经济的发展而出现并且随之发展变化的。

最初，在人类发展的历史上，婚姻并非是爱情的产物。

在人类社会早期，经济生活还没有那么发达，人类还像动物那样群居生活在一起的时候，人类在性方面的行为和动物也没什么区别。在一个群体内，所有的男女成员可以任意互相发生性关系，部落内任一女子都可以是任一男子的性对象，反之亦然。

这个时候，人类在进行性行为时，并不在意性行为的对象和自己是什么关系，无所谓什么兄弟姐妹、父母子女这样的问题，两性的关系完全出于生理要求，不受任何束缚。对人类历史或者婚姻制度的研究者，把人类社会早期这种男女之间性行为的交往方式称为"杂婚"。

杂婚的形式在古代典籍和古代传说中都有反映，比如《吕氏春秋·恃君览》中说："昔太古尝无君矣，其民聚生群处，知母不知父，无亲戚兄弟夫妻男女之别，无上下长幼之道，无进退揖让之礼。"《列子·汤问》中说："男女杂游，不媒不聘"，而《管子·君臣》也有"昔者未有君臣上下之别，无有夫妇配匹之合，兽处群居，以力相征"的陈述。

中国如此，外国也是如此。希腊神话中诸神之首宙斯，拥有不止一位妻子，那些妻子的身份，有的是他的姑姑，有的是他堂姐、表姐，甚至还有他的亲姐姐。

中外各个种族或民族里类似这样男女相交不计年龄血缘的传说还有不少，这些传说实际上就反映了人类社会最初的杂婚状态。

在"杂婚"这种男女交往形式之后，还有群婚（血缘群婚、族外群婚）、对偶婚等婚姻形式，在这些男女交往的形式里，男女交往依然不是一对一的，而且，这些婚姻的形式并不是真正的制度，只是人类随着生活和劳作方式的改变，为了族群繁衍和防止族群退化自然而然形成的不同婚姻习俗。

婚姻制度的真正确立，是在财产私有制确立之后。随着人类谋生方式的改变，以及生产力的发展，男性在生产活动中的地位越来越高，男子对物质资料的掌握开始远远胜过女人对物质资料的掌握，这时候男权开始挑战女权，父权开始代替母权。

当父权被确立后，因为财产私有制，为了保证继承自己财产的孩子肯定是自己的后代，男性必然要对女性的交配权进行限制，以确保自己花费精力养大的孩子，确实是自己的孩子，而不是其他人的骨血。在这种心理状态下，婚姻形式首先变作了一夫多妻的形式。

一夫多妻制度，属于单婚制的一种，但在单婚制的初期，因为群婚、对偶婚的性交习俗还没完全消失，女子在婚前可以与多个男人性交的情况还没有完全灭绝，所以，在娶了一名女子后，丈夫无法确定婚后第一个孩子是不是自己的亲生骨肉，为了确保财产继承不出偏差，这时候就出现了一个残酷的风俗——"杀首子"，也就是杀死妻、妾所生第一个孩子。可以说，"杀首子"是强化私有制的一种残酷的手段。

然而，就像男性希望继承自己财产的是自己的孩子那样，女性也有同样的要求。一般而言，在一夫多妻制度里，众多妻妾，总需要有个正妻或主妻来对家庭进行管理，那么，有势力的正妻就不能容忍其他妻子所生的孩子来继承自己丈夫的财产。而当丈夫的实力无法达到在各方面都占据压倒性的优势，使正妻不得不听从他的时候，他就无法保有众多的妻子，只能接受一夫一妻的局面，而一夫一妻制的家庭，也就因此而产生了。

因此，在人类历史的最初，婚姻并非是爱情的产物，它不是以自然条件为基础的，而是经济制度发展的产物，是财产私有制对原始公有制的胜利。一夫一妻制度也不是对爱情的捍卫，而是男女双方博弈妥协后达成的平衡成果。

总而言之，婚姻的实质是为了繁衍后代、发展经济、聚集财富，所以，缔结婚姻是为了婚姻双方资源的共享，当对方的资源要被你占据的时候，对方是会对你有诸多要求的，你需要满足这些要求才能享受相关的权利。

古今中外，自从有了婚姻制度以来，这种资源共享、各取所需的婚姻就比比皆是，比如部落联盟、政治联姻。婚姻本身所具有的社会学意义，比感情意义要强得多。不过，随着社会的发展，婚姻除了经济社会功能外，也开始具备其他的功能，其中最让人关注的可能就是它的情感功能。

（二）当前社会下婚姻的功能

刚才我们说过，婚姻的实质开始时是为了繁衍后代、发展经济、聚集财富；不过，随着时代的发展，人们侧重的婚姻功能也有所不同。在当前社会条件下，对于个人而言，简单地讲，婚姻功能可以分为三大类：繁衍功能、经济功能、情感功能。

在第一章里，我们说到了美国心理学家亚伯拉罕·马斯洛的需求层次理论，这个理论认为人的需要有五个层次，分别是生理需要、保障需要、社交（情感和归属）需要、尊重需要和自我实现需要。这五个层次从低到高像阶梯一样排列，只有前一个层次的需求被满足了，人们才会注意到下一个层次的需求。根据马斯洛的这种需求理论，就比较好理解，在不同的社会发展阶段，人们对婚姻功能的需求是不同的。

在人类寿命较短、生存常常出现问题的时代，人们首先考虑的必然是婚姻的繁衍功能；而在生存得到保证后，在经济不发达的时候，人们首先考虑的则是借由婚姻满足物质方面的保障；然后，在个体生存有所保障、同时物质需求也得到基本满足的情况下，人们才能把关注点放在情感满足的方面。

需要注意的是，马斯洛的需求理论针对的是"整体人群"；而针对个人来说，即使在同样的时代中，由于所处的环境不同、思想方式不同，每个人各层次心理需求的满足程度有差异，所以，个体想借由婚姻优先实现的心理需求也是不同的，他们心目中的"理想对象"的标准也是不同的。

比如，虽然社会整体经济水平较高，但如果择偶者是一位生活在贫困山区的农民，那么他谈恋爱时，可能最先考虑的就只是繁衍功能，至于经济功能和情感功能的满足，他会往后排。而一位事业成功的男士，即使他已经衣食无忧，但因为我国长期以来社会文化的影响，他可能也会以满足"繁衍功能"为先，而不是优先考虑婚姻的情感功能，这也就是说，影响人们婚姻选择的，不但是社会现实还有他/她的心理现实。

在婚恋问题上也是这样，假如一个人从小家庭经济条件恶劣，常常为吃不饱饭担忧，那么这个人到了谈婚论嫁的时候，即使他/她当下的物质条件已经不再恶劣，但因为心理上没有摆脱童年时的感受，那么他/她可能主要考虑的依旧还是对方的经济条件。

我们当前社会环境中，有些人谈恋爱还局限在满足生理需求这一层次；另一些人则在往安全保障的范围走；还有些人要的是"爱与友谊"；另外有些人要的可能是"尊重"；也有少数人寻求的是"自我实现"的境界。

对照以上的说明，在准备为婚姻而谈恋爱时，你可以先想想你的需求是什么，在马斯洛所列出的需求的哪个层次？你是只想满足生理的需求；还是想结婚生子，和对方一并参与社会生活；抑或是要找个能和你志同道合、一起往自我实现道路上前进的伴侣？

当你确定好自己的需求后，就可以根据自己的需求寻找合适的伴侣了。

（三）给你一个小例子

有很多年轻人会拜托别人帮他们介绍对象，当别人询问："那你想找个什么样的啊?"，常常用"随便啊，您帮我看着办吧"来做答案。我得说，这种答案相当于没说，通常不会取得良好的效果。为什么？

因为，一方面，"随便"看起来似乎是不挑剔、宽容，但实际上却是最难操作、最难让当事人满意的一种标准；另一方面，如果你用这样的态度回答对方的话，往往会让对方认为你不是当真的，只是开玩笑一说而已，因此就未必会用心帮你留心可能的对象。只有尽可能地用最具体的描述来表达自己的想法时，为你费心的人才越会认真对待并且更容易操作。

比如，你的回答如果是："身高大概得有多少，体重多少，长相大概是个什么样的，性格得是个什么样的。大概从事什么方面的工作，收入可以达到多少，最好是什么家庭出身……"那么，帮你留心这件事的长辈或友人，最后给你介绍的人大致都会在这个划定的范围内，成功率就会大大提高。

而当你自己都不知道自己想要什么，或者希望别人能猜出你想要什么时，最后介绍来的都是些不靠谱的人，那交往结果也是可想而知的吧。

路遥著作《平凡的世界》里有一个故事，描写了一位年轻的男子选择婚姻伴侣前，确定自己需求的心理活动过程，我们不妨拿来参考学习一下。

这位男子名叫"王满银"，他父母早亡，自己好吃懒做，是个"逛鬼"，是"祖传的二流子"，但是有一天，他忽然想要娶老婆，于是他躺在炕上，好好地琢磨了一番。

他进行的心理活动如下："脑子里把前后村庄未嫁的女子一个个想过去，最后选定了双水村孙玉厚的大女子兰花。那女子长得还俊样！再说，身体又壮实，将来砍柴、担水、种自留地都行——这些下苦活他不愿干，也干不了"。

大家看，王满银首先对自己很了解，他知道自己无法胜任农村的繁重劳动，也知道自己没有爹妈和兄弟帮衬，而他也无法脱离农村的生活，所以，他必须找一个能弥补他这些不足、帮助他克服这些困难的人，于是他想到了兰花，她"身体壮实，将来砍柴、担水、种自留地都行""长得还俊样"。

王满银在选择追求目标的时候，考虑的都是婚姻的实际功能，并没有把婚姻的"情感功能"列入考虑范围，实际上按照小说里的描述，当他和孙兰花结婚后，初期他确实也没在乎他俩的情感问题，这点从他把一个广州女人带回家鬼混情节中可以看出。

但是，这些问题并不妨碍王满银对自己婚姻的满意度。从小说后面描写的情节上也可以看出，无论王满银怎么头脑糊涂，在是否坚持与孙兰花的婚姻这个问题上,他始终没有含糊过。最后在小说的结局里,王满银和孙兰花的婚姻,也确实带给了他幸福。

世界上每个人注重的婚姻功能是不同的,我们每个人所想实现的婚姻功能和王满银或者相同,或者不同,只要我们大家都能像王满银这样,对自己有清醒的认识,对自己想选择的择偶对象也有明确的了解,那么我想选择到适合的结婚对象并不是个难事。

三

琳琳频频点头,说:"对啊,对啊!我原来和杨平开始谈恋爱的时候,就是什么都没想清楚,稀里糊涂就开始了。我对生活不认真,结果生活就对我也不客气。"

"我现在知道了,婚姻包含的内容很多,有经济功能、繁衍功能还有情感功能。我上次对您说,我想找一个能理解我、认可我的人生价值观和我相似的人,这就是婚姻的情感功能吧。"

"可是,我还有点儿问题,我从小就是个听话的好学生,从小到大从来没有人和我谈过婚姻和恋爱的问题。上大学之前,家长和老师都天天管着我们,让我们别早恋,我也就老老实实地没怎么接触过异性;上大学之后,家长和老师又不管这个了,还是没人和我谈这件事,我现在对这个问题一头雾水。"

"我现在想和异性接触,但除了杨平外,我真正接触的男人很少,只是工作中有些泛泛之交。我根本不了解男人到底是怎么回事,遇到一些事时,他们正常的反应该是什么样的?和女性一样还是不一样?我也不知道我该到哪儿去开始我的新恋情。我该怎么做才能找到合适的对象呢?"

第十二章
实践出爱情

我很同意琳琳说的话，在我们成长的过程中，我们太缺乏了解自己、也太缺乏了解异性的机会了。

我们很多人，在从小到大的过程中，被父母家长保护得太好、也控制管理得太到位了，长期以来，做事都不必自己动脑子。我们习惯了听从父母的意见与安排，习惯了跟着大家走。他人的看法有时候就代替了我们自己的看法。我们从来没有被刻意引导过让我们有机会去想"我自己想要的是什么"？

除此之外，我们和异性真实接触的机会也很少，在我们很长的一段青春岁月里，从学校到家庭，都把"和异性接触"这件事视为洪水猛兽。我们虽然每天都能看到异性，但是对于她们或他们有什么样的心理特点毫不了解。既不知道自己想要的是什么，也不了解异性究竟是什么样的生物，长大以后又怎么可能找到适合自己需要的伴侣呢？

那么我们该怎么办？我建议，大家还是应该到实践中学习成长。

中国古代有个成语叫"闭门造车"，现在引申出来的意思是，不接触实践生活，靠自己空想得出的"作品"在现实生活中没有实际运用价值。

恋爱也是这样，只靠空想是无法想出自己的需求也无法了解异性的；只有在和异性的实际接触中，才能了解异性、了解自己的需求。

一

毛泽东说过一句话："你要知道梨子的滋味，你就得变革梨子，亲口吃一吃。"吃梨是这样，谈恋爱也是这样。你不经历一场恋爱，怎么会知道恋爱的滋味？怎么能知道打动你内心的是什么？没有实践，你对自己就不会有清醒认识。

依旧拿吃东西来打比方，你喜欢吃甜，还是喜欢吃辣？是喜欢偏清淡的，还是喜欢偏味重的？如果你什么都没吃过，你当然选择不出来什么适合自己。你需要把那些感兴趣的食物都品尝一遍，才能了解什么东西到底是什么味道，才能确定到底什么类型最适合自己的口味。

想要谈场"正确"的恋爱也一样，你需要先了解你自己。你得知道你对恋爱的期望是什么？你要搞清楚，你想找的是张长期的饭票，解除自己在经济方面的匮乏？还是想找个情感的支持，无论遇到什么困难都有个怀抱可以依靠？抑或是不管自己爱不爱对方，只要身边众人能对自己齐声赞"好"便罢？还是期望能寻找到志同道合的伙伴，在人生的旅途上互相支持、互相帮助、共同前进？

对以上这些问题的解答，其实就是你对自己了解的过程。有很多人，在没谈恋爱前，会认为自己很了解自己，明白自己在爱情中的需求，然而经过和对方真正地相处后，才会逐渐发现，原来他们以为自己想要的并非是自己真正需要的。

我认识一位名叫小薇的姑娘，她从小家庭清贫，吃够了没钱的苦，所以很长时间以来，她一直认为金钱最重要。所以她不但自己要强上进，同时选择男朋友时，第一条就要求对方必须有钱。但是，后来在实际生活中，小薇交往了几个男朋友后才发现，相对于有钱来说，似乎她更在意的是对方能不能尊重自己并且和自己谈得来。将一个不是那么有钱、但是能够聊得很开心、对她尊重体贴的男人,和一个很有钱、但比较我行我素、不太考虑她感受的男人进行对比,小薇姑娘还是觉得和前者相处更舒服些。

人要改变自己一贯的思想,是需要经过艰难斗争的。

小薇姑娘也是如此,经过几次波折的感情后,她痛定思痛,考虑到自己目前经济情况已经能够负担自己的需要了,不再需要对方来为自己锦上添花,而婚恋涉及两个人长期的相处,她不想再天天这么委曲求全,于是后来便把择偶标准从"只要有钱,其他什么都不论"调整成了"经济自立,志趣相投,为人体贴",最终果然找到了让她感觉幸福的伴侣。

再来看小伙子小张,他原先觉得只要找个漂亮姑娘,自己就会心满意足,结果处了两三个姑娘后,他才发现,对于他来说,与其选一个漂亮但脾气不好的姑娘,倒不如选一个不那么漂亮但性格温和的姑娘。能找到一个既漂亮又性格好的姑娘那自然是最好的,但在自身条件有限、这两点不能兼顾的情况下,小张最后改变了自己的要求,决定选择不那么让人惊艳但相处起来十分舒服的姑娘了。

以上这两个例子,就是一个在实践中了解自己、调整自己对自己和对世界的认知的过程。

这世上很少有天生一对,也少有一遇到就是一生的爱情,有一部分原因就是由于我们自己一开始也并不了解自己。有时候,我们饿了时,会觉得自己能吃下一头牛,实际上可能吃上两包方便面就饱了。我们对自己的饭量都会判断失误,更何况是对爱情这么复杂的事呢?

所以我们需要实践、实践再实践,总结、总结再总结,在与人交往中逐渐了解自己并且了解对方,然后根据交往后的结果再决定是不是要确立一生的关系。

琳琳原先和杨平建立关系的时候，她对自己在恋爱中想要什么并没想那么清楚，只是想着就算给大学生活留一段记忆吧，结果后来在他俩的相处中，琳琳就感到很受折磨。现在，她认为她的需求是找一个能理解自己、认可自己、三观和她相似的人，这就是经过实践增进了对自己的了解、调整了需求。但这个想法还会不会再改变？恐怕还是得到实践中去找答案。

二

琳琳有些害羞地问我："那我该怎么开始实践呢？男朋友这种物品，商店里没有卖，我也不能随便到大街上去拉一个来啊。"

我问琳琳："你的工作是怎么找的？"我知道，琳琳在工作上很出色，毕业三年后已经换了一份工作，现在还是个团队领导。

琳琳有些明白了，她说："您的意思是，要像找工作那样去找男朋友。"我点点头："如果你认为，找男朋友这件事的重要性不亚于找工作的话。"

天上不会自动往下掉工作，你想要的男朋友，也不会自己从天上掉下来。如果你现在很想要一个男朋友，你就得拿出你最大的行动力去找啊。

你需要带着像找工作、做运动、寻找美食等一切你最感兴趣的事那样的认真和热情来找男朋友。

接下来你可能需要做下面这些事。

（一）向"围观群众"大声宣布自己需要找一个男朋友

"饮食男女，人之大欲存焉"，几千年前，儒家创始人孔子曾经这样说过。这句话的含义是什么？就是在说，吃饭和男女之间的交往、相互吸引、性都是人类最基本的需求和欲望。《孟子·告子上》也这样记载到："食色，性也"，这句话又是什么意思？也是在说"食"——吃饭，"色"——男女交往，都是人的本性，是人的基本需求。

我们说到马斯洛的需求层次时，也知道马斯洛认为"饮食""性"和"睡眠"都是人类的基本需求。现在牢记这点——"食色，性也"。不管吃饭还是"睡觉"，都是人的正常需求，无可避讳，也无须避讳。然后，从现在开始，大大方方地向你周围所有人士，上至80岁大妈下到13岁少年，宣布"我现在要找个男朋友"。

你要相信，群众的力量比你自己一个人的力量大得多。不信你回想一下你看过的法制频道的节目，凡是那些暂时破不了的案子，公安部门无不是发动群众，最后在人民群众们提供的无数线索中筛选出犯罪嫌疑人的蛛丝马迹。连能量巨大、人员众多的公安部门要解决问题都离不开人民群众的帮助，你一个普通群众，要解决个人这么不简单的爱情问题，是不是也需要"人民群众"来提供信息呢？

自然，大家提供的信息很可能斑驳陆离，不可能每一条都符合你的心意，但是筛选和决定的权利在你自己手里，对不对？话说到这里，不免要提上一句，既然八竿子打不到的路人咱们都可以求助了，那么家里亲爹亲妈乃至各路亲戚提供的信息你也不妨去看上一眼。

在这里需要提醒大家的是，你要求助的朋友或亲戚，最好是和你平常交往比较多或和你父母关系比较好，以及你比较喜欢的那些人。因为他们对你比较了解，也会对你比较负责，为你提供的人选也比较有参考性。如果对方是你平时就很讨厌的人，那么还是别将你的终身大事拜托给他的好。这是因为，人际关系之间存在着"人际平衡"现象，一般来说，你喜欢的人支持的，你也会支持；而你喜欢的人讨厌的，你也会讨厌。同样，你讨厌的人喜欢的，你就会讨厌；而你讨厌的人讨厌的，你可能就会喜欢。

你喜欢一个人，八成是因为他的行事风格或人生态度让你喜欢，所以他说的话或推荐的人选，你也会比较认可。而当你讨厌对方时，大多是因为对方的行事风格或人生态度与你不一致，那么根据他的价值理念觉得不错的对象，一定也会是和这位介绍人相似的人，也就意味着，被推荐的对象可能是一位和你的价值理念有冲突的人，所以，你八成是不会接受的。

另一方面，根据爱屋及乌的原理，也存在厌屋及乌的现象，即使这位介绍人已经发生改变，推荐的是按你的理念选择的对象，但你出于长期对这位介绍人的厌恶，很可能无法客观地对待候选人，戴着有色眼镜和人家相处，很容易出现误杀或误伤的现象。此外，根据人际交往的相互性原则，你喜欢的人也喜欢你，你讨厌的人一般也会讨厌你。所以，如果你拜托一位你讨厌的人来给你介绍对象，他或她八成是不能全心全意地为你打算的。

（二）像参加工作面试那样参加相亲吧

有些朋友一提到相亲就直觉想回避，探其原因，有的说是怕麻烦，有的说是怕遇到"奇葩"浪费时间，还有的人认为恋爱是件私密的事，如果假手于父母他人，就失去了意义和趣味。这些答案是事实的真相吗？

事实的真相有没有可能会是厌烦一次次的失败？不愿花时间去接触一次次不如自己期望的人？可是，如果是在找工作的话？你还会有这些厌烦吗？

为了找到工作，你会怎么做？你可能会先在网上浏览对比无数信息，然后在某一天里顶着烈日或严寒抑或暴风骤雨，辗转奔波跑好几个招聘会，甚至辗转好几个城市去求职。你可能会不辞辛苦、通宵达旦地准备多次初试、复试。你可能会在看到同学朋友找到了一个好工作后，积极踊跃地去请教经验。

是什么促使你这样做的？在这个过程中，你会不会有担心和惧怕？你怎么看待你这些担心和惧怕，又是怎么克服它们的？如果在找工作时，你发现了知识或技能方面的欠缺，你会怎么做？如果在面试的时候，被很多公司一拒再拒，你又会怎么面对？

什么原因让你不能用找工作的态度来找男朋友？你会不会有这样隐隐的担忧：如果工作方面受了挫，只是说明你的工作能力不行；而如果在找对象方面受了挫，则是对你人综合评价的否定呢？你是不是无法面对这种个人价值被他人全面否定的局面？

然而你别忘了，首先拒绝你的只是某一个人，他/她一个人并不能代表全世界。其次，还存在口味问题，就像同样是冰激凌，有人喜欢吃香草味的，有人喜欢吃巧克力味的，如果你是一只香草口味的冰激凌，但对方偏偏喜欢吃的是巧克力口味的，那么，他/她不选你和你的价值又有什么关系呢？所以，不要因为一次失败而畏缩，勇敢去寻找吧！

如果说"工作"解决的是人基本生存的问题，那么"婚姻恋爱"解决的问题的重要性丝毫不亚于找工作，它解决的是人类种族生存下去的问题。

生活中，因为找不到工作而失望沮丧的固然大有人在；为了失恋而失望沮丧甚至采取极端行为的人也是为数不少。

"态度决定一切"！你自己都觉得无关紧要、不值一提的事，怎么会想方设法去寻求成功？

如果你不想去相亲，觉得那是"浪费时间"，那么，请问你坐在家里发呆、睡觉、打游戏不也是在 kill time（浪费宝贵的时光）吗？你不会忙到了每天 24 小时、每小时 60 分钟都停不下来的地步吧？如果你是想通过一次相亲就解决终身大事的话，那我得对你说，你对相亲抱的期望值太高了。

想想看，我们从小到大认识过多少同学，可其中成为我们朋友的能有几个？而且这些朋友中有多少是你俩彼此一见如故的？

相亲对象也是这样，当然不可能一次成功，相亲只是给了我们一个接触人、了解人的机会，那些对象只是给我们提供了一个可供选择的范围。你当然会遇到各种奇奇怪怪的、出乎你预料的事，但是那都是正常的啊，世上的人和事本就千差万别。

如果你怕的是和对方相处的尴尬，那么，我建议你可以把和异性见个面、吃个饭当成去图书馆看书或去电影院看电影，对面的他或她就是那本书或那部电影，你觉得感兴趣就多看会儿，然后可以期待续集，要是觉得实在难以忍受，就马上礼貌告别回家好了。

你需要记住一个原则，你是去"沙里淘金"的，所以 100 个人里有 99 个人都不合适那是正常的。这些不合适的人对你的帮助就是，让你在广泛接触中逐渐了解到能打动自己内心的、适合自己的到底是哪一类型。

这就像吃美食，你要是什么都没吃过，就不可能了解自己的口味，那么在轮到你点菜的时候，你只能说随便或胡乱点一个，在这种情况下，端上来的菜即使不符合你口味，你也只能硬着头皮往下吃或无奈地把它剩在盘子里。只有尝过了形形色色的菜品，你才能做到心中有数地点菜，满足自己的口味。

如果你足够幸运，很快就遇到了那 100 个中的 1 个，你实在应该偷笑，而不是以为事情理应如此。如果一定要等到99个之后才遇到，那也正常，而不必为了前面那99个人怀疑自己。不适合你的那99个，可能是其他人的"真命天子"。

那么，大约经历多少个相亲对象后，那位真命天子才有可能出现呢？给大家一个提示，请做好心理准备哦，那个数字是"20"。记住哦，至少要接触20个人，再考虑"灰心"的问题吧；否则，就积极地继续寻找下去。

哦，如果你的工作是家里安排的，并没费自己什么心思，那么我得说：你的终身大事要么就还得像你的工作一样，继续指望和依靠家里的安排；要么，就需要你自己打起精神来，从头开始学习，学习怎样发现自己的需求，怎样依靠自己的力量满足自己的愿望，以及怎样为自己做决定。

很多依靠自己力量找到工作的人都很明白，不管是一份心仪或不心仪的工作，想要得到它，第一件要做的事就是出门去找。去行动吧，就像去做那些你最爱做的、最擅长做的、最喜欢做的事那样，饱含热情、饱含想法、饱含期望地行动起来！

如果你反感相亲，并不是因为以上几个原因，而是因为你觉得相亲使恋爱这件事变得乏味，那么我想问问，你是不是有自己寻找婚恋对象的能力？如果你有，平时在生活中根本没有缺少交往对象这个问题，那么这个章节你可以跳过不看。如果你自己没有结交婚恋对象的能力，同时还拒绝任何他人的帮助，又渴望寻找一个婚恋对象，那么我建议你应当好好分析一下这样做的原因和心态，并尽快做出调整。

顺便还得提一句，那就是在"相亲"的时候要注意介绍人的立场，如果这个介绍人和对方的关系比和你的关系更亲近，那么对介绍人所说的有利于对方的内容就需要格外谨慎甄别。另外不要过分依赖介绍人，因为介绍人起的也只能是一个提供信息的作用,介绍人不负责保证你婚恋成功。你的相亲对象到底是一个什么样的人?你和相亲对象相处情况如何?对方适不适合你?只有你才能了解和做决定。

(三)通过各种途径和别人接触、向外展示自己

在端正态度向周围人群发布"需求"信息的同时,你还可以做些其他工作,比如积极参加各种有潜在对象的人际互动活动。

你平时对什么最感兴趣?读书、绘画、听音乐、旅游、还是运动?

我有一个朋友很喜欢打羽毛球,平时常参加一些网上发起的羽毛球运动,他第一个女朋友就是在球场看到他然后主动联系他的。还有另外一个朋友,他和女朋友的结识则是在一次去泰国的旅游途中。你可以像我这些朋友一样,去参加自己喜欢的活动,然后在这个过程中留意那些引起你注意的人。

比如,你可以去健身,然后留意那些也去健身的年轻人,甚至就是健身教练本人。我的一位健身教练就是这样和他妻子结婚的,他妻子曾经是他的学员,现在他们的女儿已经两岁了。你可以去参加一些自己感兴趣的活动或社团,比如读书活动或者读书社团,或者一些运动社团、徒步社团或驴友活动。你还可以去上网球课,上舞蹈培训班,上理财课程,上英语、日语、法语等课,或者去学习如何演讲,乃至上一些心理学爱好者感兴趣的课程,上一切你觉得有意思的课程。

在这些你感兴趣的活动中,你有最大的概率遇到和你兴趣一致的人,你也许会结识你未来的伴侣,也许会结识能给你介绍伴侣的人。而你认识的人只要多一个,你潜在的交往对象就会多很多个。

因为你参加的活动是你自己喜欢的,所以和通过这些活动结识的人在

一起的话，你们之间不会缺乏聊天的话题。除了参加现实的活动外，你还可以参加一些网络活动，通过微博、微信等社交媒体向世界勇敢地展示自己。

我知道有个女孩子，她从计划上硕士的时候就四处搜集想去的学校和专业的相关信息，关注了回答她的问题或和她有同样问题的一些不相识的人的微博，她自己建立的微博，开始是为了交流信息，后来就成了记录自己向理想进发历程的日记。

后来这位姑娘如愿考上硕士，又通过努力去了国外当交换生，在国外当交换生的时候，她做了一个用最少的钱在学习间隙游览西方十几国的规划，并且付诸了行动。而且，她把这些都记录在了自己的微博上面。

结果当她回国后如期毕业并且留校工作的时候，忽然有个男孩子联系她，说自己从她开始准备考硕士起就一直关注着她的微博，现在很想认识她并和她交往。这女孩子一查，发现男生说的是真的。她再看看男生微博的内容，觉得也不错，于是两个人就见面了。见面后两个人相谈甚欢，开始发展，最后结为伉俪。

不管是现实活动还是网络活动，你想要和人结识，就需要自己先走出去，让世界有机会看到你、发现你，如果你一心一意只是把自己藏起来，不肯展现自己，那么，都不和人交往的你怎么可能找到男朋友或女朋友呢？

和人广泛接触还有一个好处，就是可以让你调整对自己的认识。你必然会遇到一些人对你很热情，而另一些人对你很冷淡，如果对方热情时你也对他有热情，或对方冷淡时你也正好不喜欢他那款，自然没什么问题；但是如果对方热情时你偏偏很厌烦他那种类型，而对方冷淡时你却欲罢不能，那你就得研究一下自己为什么会这样了。

如果你感兴趣的人对你都不感兴趣，我们可能就得静下心来想想看是怎么回事。考虑一下到底是我们的目标定得太高了，需要调整目标，适当降低要求呢？还是我们把自己看得不符合实际了，需要调整自身呢？

如果需要调整自己，那我们是需要学习一些待人接物的技巧？还是需要健健身、注意一下服饰和修饰？或者是需要在思想和学识上充充电？抑或是需要挣钱能力上做些努力来提高自己的收入水平？

这些问题，你如果不去和别人打交道，是永远发现不了的。唐太宗李世民说："夫以铜为镜，可以正衣冠，以史为镜，可以知兴替，以人为镜，可以明得失。"这句话可以部分说明通过和别人打交道能达到了解自己的目的。

《邹忌讽齐王纳谏》的故事，不知道大家还记得不记得？

邹忌觉得自己长得很漂亮，但又拿不准，便去问自己的妻子、小妾和客人："我和城北的美男子徐公谁美丽？"

邹忌的妻子、小妾和客人都说："您比徐公美多了！"

邹忌听到这些回答后，当时很满意，但是几天后他亲眼看到徐公才认识到自己不如徐公美丽。于是邹忌分析这个情况，得出了妻子因为偏爱他、妾惧怕他、客人对他又有所求，所以都说他比徐公美丽的结论。

邹忌身边的人因为种种原因，对他与徐公谁美丽的问题给出了不符合事实的答案，我们自己呢？我们自己对自己的评价，以及我们身边的人对我们的评价符合事实吗？

我们常可以见到父母对外人提起自己儿女的时候，会用"我的女儿（儿子）很出色……"这样的句式开头，可是，在没有血缘关系的人眼里呢？这个儿女真的这么出色吗？父母对我们的评价容易出偏差，朋友们呢？

有时候我们买了又贵又丑的衣服，穿在身上问我们的朋友感觉如何时，朋友也会对我们说"还不错""挺好看的"，而在我们失恋的时候，朋友往往为了安慰我们会说"其实你很好，是他/她配不上你"这样的话，然而事实是什么样的呢？

当然，人不能正确评价自己也分两种情况：一种是对自己高估；另一种则是低估。生活中也常常发生对自己大大低估的现象，比如很多父母对自己的孩子都采取当面贬低、背后夸赞的做法，美其名曰"谦虚"，但这样时间一长就会让子女真的觉得自己其实很不怎么样。

还有一些在别人看来外形可以打 90 分的女孩子，对自己的容貌却有深深的自卑，不敢和人交往；以及一些有能力、有学识的人，会以为他知道的别人都知道，从而过分谦虚，不敢去争取自己能胜任的平台，结果才能得不到发挥，给自己和社会都造成损失。

我们的自我感觉和客观事实之间有时会有差距，根据我们不那么准确的自我感觉而形成的想法或作出的判断难免会带来偏差和遗憾，那么，如何避免以上这些偏差和遗憾？只有勇敢地投身于实践，大胆地去和别人交往，才能在与别人的广泛接触中，得到对自己较为准确的定位。

有一个心理学实验很好地反映了这种在人群中发现自己位置的现象。这个实验召集了 100 个受试者，给每个人背后贴一个号码，号码按顺序从 0 排到 99，每个人看不见自己的号码，但可以看见其他所有人的号码，也不许有人明确告诉对方他背后的号码。然后要求受试者自愿配对，配对后两个号码加起来有多大就发给这个组合多少美元。可想而知，大号码的人受到了集体的追逐，而小号码的人受到了冷落。

择偶时也是这样，被大家集体青睐的那个人就是有最大号码的那个人，而当你发现有一些人对你青睐，有一些人对你不青睐时，你就大致可以判断出自己的号码在人群中的位置。当判断出自己大致的位置后，你可以选择和你位置相仿的人，也可以决定是否调整自己的位置。而这些规律和经验不通过和人大量的接触你是掌握不了的。

当本来以为自己号码很大，经过和人接触后，才发现实际上自己号码很小，这时固然会有失落、会有不能接受的心情，但是，事实就是事实，早点发现这样的事实，不正是给了自己一个及时调整自己的机会吗？至于本来以为自己号码很小，事实却证明自己号码还是挺大的时候，那种心情应该是比较欢欣鼓舞吧，更方便调整今后对待自己和人生的态度。

除了上面提到的那些途径外，我们还可以参加电视征婚节目、进行网络登记交友，利用一切可以利用的资源拓展关于网；虽然参加一次活动就成功的概率不大，但人生在世，多见识一些人和事，不也是很有趣的经历吗？

三

琳琳听到这里笑了，她说："好的，我明白了，不要自我封闭，要勇敢走到实践中去。不要害怕相亲，就把相亲当成去看了一场电影。那您觉得我什么时候再开始比较好？"说到这里，她又显出有些羞答答的样子。

我看着面前这位明眸皓齿、娇羞不胜的姑娘，叹了口气，对着她念了一首诗："劝君莫惜金缕衣，劝君惜取少年时。有花堪折直须折，莫待无花空折枝。"

婚恋这件事有点儿像吃饭。我们不能等到饿极了才去做饭，而是需要提前准备，先买好符合自己口味的食材，然后还要经过烹调，最后才能吃到嘴里。即使是叫外卖，或者出去到饭店吃饭，也有一段等待的过程呢。通过谈恋爱走向婚姻这桩事，也需要提前做做准备啊。

第十二章 | 实践出爱情

　　无论是向大家宣布自己的需求，还是积极相亲，并不意味着我们立刻就能找到合适的对象，这不过才是一个开始，一个扩大我们择偶范围的途径，给自己多一个选择的可能而已。

　　因此，当你的年纪已经达到了在父母面前可以大大方方地观赏包含爱情因素的电视剧，并且你父母也确信你知道男女之事是怎么回事，不再阻止你看这些电视的时候，你就可以立刻开始投入找恋人的这项伟大事业中去了！

　　你一定要记住，世上虽然有一些天才能做到无师自通，但是更多的人是需要先学习、再练习甚至不断的练习才能成功。小孩子学说话都要花一两年的时间，同样，在"谈恋爱"这件事上我们也需要不断学习和练习。

　　学习和练习是需要花费时间的，所以，当你上一段感情已经处理好之后，你就可以投入到寻找下一段感情的旅途中去了。

第十三章

为谁而爱

大约又过了一个多月，琳琳遇到了新的问题。

她告诉我："朱老师，我家里人和我几个好朋友得知我和杨平分手后都很高兴，都说我早就该和那个人分手了，然后都积极地帮我介绍对象。"

"前几天，我一个阿姨帮我安排了一次相亲，给我介绍了一个企业高管，30多岁，我当时看那个人的照片，觉得不符合我的口味，本来不太想去，但我想起了您说的话，要给自己尝试的机会，最后还是去了。"

"去了之后，对方挺有礼貌的，整个交谈的过程也还算融洽，回来后，家里人就追问我感觉怎么样，我说还可以，他们就都兴高采烈的，大有让我们继续发展的意思。"

"可是，朱老师，我对这个人没有心动的感觉，但我也说不上他哪儿不好。我这么对我妈说了，结果我妈急了，连连说感情是可以培养的，又说我根本没有看人的眼光，最后连杨平的事都拿出来说了……"

琳琳很沮丧："我现在很为难，不知道到底该怎么办了。如果是听我妈妈的，继续和这个人发展吧，我担心我无法投入，最后还是要不欢而散。如果是听我自己的，我以前已经错过一次了，我也不想让家里人再跟着担心。我该怎么办呢？"

琳琳提出的这个问题也是我在咨询中常常会遇到的问题。就像前面说过的那样，因为很多人从小经历的教育模式就是"家长指示——孩子服从"，所以到了要决定终身大事的时候，很多年轻人会无所适从。一部分人会继续选择听父母的，然后终生维持"父母指导婚姻"的模式；另一部分人会出现心理冲突，既想让父母满意，又感觉自己的愿望也需要得到尊重。

很多人走入咨询室，都会进行长达 30 多分钟的倾诉，倾诉的主题都是"我妈妈说……""我爸爸说……""大家怎样怎样……"这样的内容，然后就是询问："您说，我该怎么办？"

我也想反过来问问大家，在寻找你终身伴侣的这件事上，你认为谁的意见最重要呢？

一

还是拿去饭店吃饭这件事来打比方吧。面对着印有琳琅满目、美味诱人菜品的菜单时，你到底会点哪个菜？你点菜的时候，考虑的因素是什么？你是只考虑自己的口味，还是同时兼顾到桌上其他人的口味？当你自己一个人吃饭的时候，相比你和家里其他人一起吃饭的时候，你点餐的原则一样吗？你是只考虑吃东西的口味，还是会同时考虑到自己钱包的承受度？或者，有时候你还会考虑一下点什么价位的菜，会让别人心里怎么看你这样的问题？

你是一个什么样的人？

你最在乎的是什么？

你清楚这些吗？

有些人在点餐的时候，无论是自己一个人还是和别人在一起，无论是自己买单还是别人买单，都会只考虑自己的口味；即使他点的菜会引起父母朋友、同事同学、"围观群众"的诧异或嘲笑，他们也不为所动，就好比某些朋友对榴莲的热爱。

有些人则愿意牺牲自己，自己吃什么都无所谓，只要其他人都夸奖他点餐点得好，他就感到很满足了。还有些人，并不在乎大家吃了些什么，只关心排场摆得够不够大。

你是哪种人呢？

我们每个人都想做到完美，既让自己满意，又让大家开心，最好还能得到全世界艳羡的眼光。事情要都能那样完善自然很好，不过，想兼顾所有方面，鱼和熊掌都想得到的完美结果是不太现实的。

世界上有些事情可以兼顾，而有些事情无法被兼顾；不管做什么选择，我想，关键是你要够承担起你选择的后果。

二

可能是已经习惯了别人为自己做决定的生活了吧，很多人并没有展出"为自己的选择承担后果"的能力。

假如说吃东西可以凭自己的口味，那是因为自己吃过了很多食物，有选择能力，也相信自己的判断力；可是恋爱婚姻这件事，若没经历过，随心所欲行事，错了可怎么办？

我不知道正在看这本书的你多大岁数了，如果你已经超过了21岁，那么，我想你是不是应该先正视一下"你已经不再是个小孩子了"这样的事实呢？

对于一个法律上都规定了具备完全行为能力的成年人来说，如果依旧在心理上还把自己定位于小孩子，那么，是不适合开始谈婚论嫁的。

恋爱和婚姻都是成年人做的事，不是小孩子过家家，不仅需要生理成熟，更需要心理成熟。如果你的心智还没有成熟到勇于尝试选择，并且对自己的选择能负责任的阶段，那还是先不要急着开始恋爱。

目前在实际婚恋中，有些观念已经深入人心，比如择偶时千万不要选"妈宝男"，这是为什么？原因就在于，"妈宝男"对于事情根本没有自己的主见，你和他生活在一起，和跟他妈乃至跟他一家子生活在一起没什么大的区别。

不论你是男是女，如果你也是一个在婚恋上没有自己的主见，只是一味想"听我妈的""听我爸的"乃至"听大家的"，你认为自己和这些"妈宝男"又有什么区别呢？而且，真的放弃自己的想法听别人的，你就会安全了吗？就会不犯错、离幸福更近了吗？

请别忘记一句话，叫做"甲之熊掌，乙之砒霜"，有人喜欢吃红烧肉，有人一看见肉就吐，每个人喜欢吃的东西不一样，每个人希望过的生活也不一样。

别人的想法只适合于他们自己，未必适合你。他们的选择对他们来说可能是正确的，对你就未必了。

三

读过《小马过河》故事的人，肯定知道这河水对小马来说是深还是浅；但如果你在小马那个位置呢？你听松鼠的，还是老牛的？在真正的生活中呢？你知道谁是松鼠，谁又是老牛吗？每个人对生活的想法，都是基于他自己曾经的经历、曾经的生活经验总结出来的。他提出的建议，绝不会超出他见识的范围。但是社会在变、环境在变，我们每个人和每个人也都不同，所以那些"过来人"的意见真的适合你吗？

你只有自己尝试着进入实践，通过实践来验证自己的想法，发展自己的判断力，细细体会你自己和别人相处的感觉，你才能逐渐了解到自己适合同什么样的人相处，才能逐渐承担起自己婚恋的责任。

如果你真的非常谨慎，暂时不敢开始实践，那么，我建议，你可以尝试寻求过来人的建议和帮助。你需要听取对自己目前生活并不舒心满意并总结出失败教训的那些人的意见；也需要去听取至少在你看起来过得幸福并且已经过上了你想要的生活的那些人的意见。综合这两方面的意见，你才有可能得出比较全面的结论。

如果你实在无人可请教，那么，你还有最后一个求助对象，那就是寻找合格的专业心理咨询师，和咨询师讨论你所有的忧虑，一起来解决这件有关你一生幸福的大事。

四

琳琳思量良久，过了一会儿她说："我想按我自己的感觉来。可是，我父母会不会再次失望？"

我问她："你父母对你的期望是什么？"

琳琳回答："这次和杨平分手后，我问了的，他们说，只要我过得平安顺利，自己觉得幸福开心就好。"

我点点头："好，那如果你现在为了让你妈妈满意，听了她的，日后你的生活不那么幸福，甚至会深觉苦闷的话，你认为，你父母得知后，会怎么想？"

"他们可能会自责。"琳琳说。

林琳叹了一口气："这些事，我也都想过的。我记得自己看过一个电视节目，哪个台的也忘了，只记得其中有一期里，有一位所谓的成功男士，在结婚时，因为不愿意和家里闹矛盾，听了他妈妈的话，和他妈为他

第十三章 | 为谁而爱

选定的妻子人选结婚了。婚后过得似乎还挺和谐，每天太太平平的，也不吵架，他妈倒是挺满意的。他自己大部分时间都在外面跑生意，家里都是他老婆照料。"

"我当时看到这儿的时候，以为这是个丈夫感谢妻子的故事呢，谁想到，节目接下来演的是，这个男人的母亲一去世，他就和他老婆离婚了！"

"当时在节目现场，这个男人对他前妻充满愧疚，对着电视屏幕鞠了个躬，说是对不在现场的前妻道个歉。可是我心里那个郁闷啊，我为这位女士打抱不平。"

"我当时想到了我和杨平。我总觉得杨平对我不热情，但我知道他父母是很喜欢我的，我想的是，如果我和他结婚了，结局会不会和这位男士的前妻下场一样悲惨。"

"现在我再想想，也想到了这个男人的付出，在那么多年的婚姻里，他的生命也在流逝。那个电视节目上有照片，他不知不觉从 20 多风华正茂的小伙子，变成了 40 多的大叔，虽然有钱，但那青春的岁月是回不来的。"

"我既不想当这个大叔的前妻那个角色，也不想当这个大叔。"

我同意琳琳的看法，另外我还想提示一点的是，婚恋和吃饭还是不完全相同的。吃饭吃得不合适了，最多是饿一顿，或者是拉拉肚子。可和别人结婚，要面对的却是余生的几十年时间。几十年里的每一年、每一天。经年累月和一个自己不喜欢的、为了满足别人的要求而勉强选择的人在一起生活，会是什么感觉？俗话说"酒逢知己千杯少，话不投机半句多"，这种滋味你体会过吗？而最糟糕的是，这种窘境，并不是谁绑着你、打着你进去的，而是你自己亲自选定的，心甘情愿走进去的。

没有结过婚的人，总以为自己的忍耐力是很强的，认为无论遇到对方什么缺点也都能够忍受。但实际结过婚的人，对伴侣之间的各种矛盾才会有切身的感受，才会了解"忍无可忍"到底是个什么意思。

尤其对女性来说，对情感生活的需要要比男性多很多，男人婚姻不快，可以躲到工作中去，可以躲去和朋友们吃喝玩乐，你呢？你准备往哪里去？最重要的是，当我们本可以选择一个不必忍受，而是享受和他在一起的人的时候，我们为什么要放弃这种权利呢？

五

对于那些格外希望得到旁人羡慕或尊重的年轻朋友们，我想提示的是"你的生活是给谁过的"？你想想你羡慕别人的那些时刻吧，那会持续多久？会不会是一周7天、一天24小时？你的羡慕往往也只有那一刻吧？过了那些特定的时刻，事后你也就忘记了。同样，别人也会忘记你的。每个人最关注的，都是自己的生活。你有没有必要为了别人偶尔羡慕你的那三五分钟或三五天，而放弃自己本来可以拥有的幸福呢？

举一个极端的例子：如果你嫁给一个物质条件又好、人长得又帅、待人接物又得体、在外人面前对你百般体贴、人人都说他好的丈夫，可两个人相处的时候，他却是个对你冷冰冰甚至会施加各种虐待的人，你觉得这是你想要的幸福吗？或者，你是个男生，你的妻子是一个人人都说温柔贤惠、体贴周到的女人，可是你和她在一起没有任何感觉，甚至产生不了生理反应，你觉得这叫不叫幸福？

这个世界上，只有你自己才能知道，什么最适合你。这个世界上不会有人比你自己更了解自己；这个世界上也不会有人能替代你生活。

第十四章

男神到我碗里来——女追男

琳琳再一次来找我的时候，娇羞而兴奋，她两颊红扑扑的，眼睛闪着光。她对我说："朱老师，我遇到我的男神啦！"

"这次是我朋友给我介绍的，一开始看照片的时候，我觉得这个人长得好丑，又老、又土气，但是本着给别人机会、给自己机会的想法，我还是去见了。"

"刚见面的时候，我也没什么感觉，就觉得这个人还挺干净的；但谈了一会儿话之后，我发现他就是我一直想找的人！"

"他懂好多事情，还不夸夸其谈；然后对一些事都能谈出比较深入的想法。"

"他在上大学的时候也是班干部，组织了好多活动，他把那些活动内容讲给我听了，我感觉他好有想法啊！"

"听他说话的时候，我根本就不会注意到他长什么样子，只记住他眼睛里的神采，他整个人就好像在发光一样！"

"哇，朱老师，我好想和他试一试！"

"那就去试啊。"我鼓励琳琳。琳琳有点不好意思地垂下头："这就是我来找您的原因啊，我俩前天见的面，可这两天他都没主动联系我，我在想我要不要主动联系一下他？可是，要是我主动联系他了，会不会反而让他对我失去兴趣?"

"大家都说,女生主动追男生,不会有好结果,这个是真的吗?如果女生喜欢一个人,到底要不要主动去追求他呢?"

一

我为琳琳能够遇到她欣赏的人感到高兴,也很愿意和她一起分享一下我对"女追男"这件事的认识。

女孩子喜欢上一个人,到底要不要去主动追求?又会不会有好结果?这个问题确实需要好好探讨一下呢。下面我们就一起来拿两个故事分析说明一下吧。

第一个是电影《致我们终将逝去的青春》里郑微和陈孝正的故事。第二个是美国作家阿瑟·黑利的小说《烈药》里的女主人公西莉亚的故事。

之所以选取《致我们终将逝去的青春》和《烈药》这两个故事,主要是因为这两个故事的写实性很强。很多上过大学的朋友,在看《致我们终将逝去的青春》这部电影的时候,都会有一种自己重新回到校园生活的强烈感受。而《烈药》的作者阿瑟·黑利更是为了一部作品的真实性,会事先做两三年的准备。在这两三年里,他会和小说中涉及的方方面面的人物见面会谈,还会做长期的实地调研。所以令人震撼的真实性一直是他作品的特点。

因为这两个故事的写实性和它们所呈现出的对两性关系细节的描述,所以很适合用来给大家剖析问题。

二

先来看《致我们终将逝去的青春》里郑微和陈孝正的故事,这个故事梗概大致如下。

第十四章 | 男神到我碗里来——女追男

郑微本来并不认识陈孝正，只是在一次和陈孝正发生冲突后，无法从陈孝正处得到自己想要的道歉，又在几次策划报复却始终未果后，忽然发现自己开始对陈孝正朝思暮想、念念不忘了。

郑微不明白这是一种什么样的感情，她经过一段时间痛苦的辗转反侧，并向电台主持人请教，最后把这种感情归结为"喜欢"，于是开始了对陈孝正的主动追求。

陈孝正一开始并不认为自己喜欢郑微，然而在郑微百折不挠、屡屡被拒却始终不放弃的坚持下，终于心软，接受了郑微的追求。在陈孝正和郑微随后的相处过程中，虽然也不乏甜美，但在面对"出国留学"与"和郑微在一起"只能选一个的时候，陈孝正还是放弃了郑微，选择了留学。

若干年后，陈孝正意识到了郑微的可贵，然而，虽然此时的郑微依旧是单身，但过去的一切似乎已经不能重来。

再来看《烈药》。《烈药》以美国的制药业为背景，主要描述了女主人公西莉亚·乔丹从担任新药推销员、处方药销售经理一直到担任某制药大公司总经理的坎坷经历。

小说是以安德鲁医生，也就是西莉亚未来丈夫的视角开始的。小说的开始，讲述了安德鲁医生对一个垂危病人的病情忧心忡忡，这个病人的生命似乎无药可救了，就在大家以沉重的心情准备接受噩耗的时候，这个病人竟然奇迹般地好转了。

而发生这个奇迹的原因恰恰是安德鲁医生在最后的关头，终于采纳了身为医药代表的西莉亚的强烈推荐，对患者使用了一种新药。西莉亚就这样被引出到读者的面前。

几天后，就在安德鲁医生和西莉亚会面讨论这种新药的作用，并且庆祝这位患者好转时，西莉亚出乎意料、冒冒失失地向安德鲁医生求婚，安德鲁医生吃了一惊，一开始认为这是个玩笑，但是当他意识到西莉亚是认真的时候，基于他对西莉亚的了解，他随即就同意了她。之后他们婚姻美满，生儿育女，相伴到老，就像西莉亚一开始的计划和安排一样。

三

在这两个故事里，郑微的故事似乎可以说明"女追男"是万万不行的，即使有一时的愉悦，终究也得不到幸福；而西莉亚的故事好像又可以证明，"女追男"并非万万不可，也有得到幸福的可能。

那么，郑微和西莉亚都是"女追男"，都是女方主动开口向男方表白，为什么最后的结果却不一样？是什么导致了结果的不同？

我们分析一下这两个故事里的异同点。

（一）郑微和西莉亚身上相同的地方

郑微和西莉亚身上都有相似的打动人的地方，那就是她们的勇敢、真诚和坦白。

看看郑微吧，她生气了就发作，想要了就追求，被拒绝了不气馁，得到后不骄纵。她不满的时候会发问，男朋友生气了的时候会撒娇，遭到冷遇后会自己找台阶下。她敢在满是学生的礼堂中自动请缨，跳上舞台高歌《红日》，吸引陈孝正的注意。她会在追求陈孝正时不计代价地等待，不管对方如何回应，都自顾自地表达："从今往后，你再说'我不喜欢你'，意思就是说'我喜欢你喜欢得不得了'；你要是说'烦不烦'，就是说'你很漂亮'；你要是说'你到底想怎么样'，就是说'我想你了'；你要是说'无聊'，就是说'看见你真好'。"她还会在生日的时候直接去陈孝正身上搜礼物，不因为陈孝正说"没有准备"而黯然神伤；甚至在两个人亲热

第十四章 | 男神到我碗里来——女追男

起来时都不忘问一句："（我的胸）是不是太小了？"

这样生动、坦白、激情四射、从容无畏、主动积极的郑微，对于在父亲早丧、母亲性格乖戾的环境下长大的陈孝正来说，是一个多么新鲜的存在啊！她那么有生命力、那么鲜活、那么能冲破一切"规则"；她不但和他那么不一样，而且和他成长环境中接触过的所有女性都不一样。陈孝正没有办法抗拒这种强大的吸引，因此，即使他认为郑微是和自己的前途有冲突的，郑微也依然深深地印进了他的心里。

西莉亚呢？西莉亚也一直是个不畏世俗的人。她觉得自己和安德鲁医生很合适，安德鲁医生能够协助她实现她的人生目标，她便开口向安德鲁医生求婚，没有矫饰原因，甚至没有精心选择环境、创造氛围，更没有对安德鲁医生玩什么欲擒故纵的游戏。

她敢在一直都是男性医药代表占据全部江山、基本全是男性销售员的公司大会上勇敢发声，表达自己的想法和意见。我在这里需要专门说明的是，《烈药》这部小说发表于 1984 年，故事是从 1957 年西莉亚 20 多岁的时候开始的。

在 1960 年左右的美国，一个女子敢像西莉亚这样勇于发声，在以男性为主的环境下摒弃羞怯，忽略环境对自己的敌意，努力为自己争取梦想实现的机会，是非常不容易的。即使在今天的中国，能像西莉亚这样勇敢且巧妙实现梦想的女性也不普遍。

后来，西莉亚还在公司看好的科学家对研究项目沮丧绝望到想要放弃时，毅然打破所谓的道德规则，用爱来抚慰和激励对方。然后，在面对某药物取得了高额的销售利润、同时也存在着致畸隐患的局面下，西莉亚又经过了艰难的思想斗争，甘冒众叛亲离的风险，以坚持真理为原则，站在了"恩师"的对面。

西莉亚和郑微的相同点就在于，她们自信、勇敢，坚持自己想要的，不怕被拒绝，不在乎他人的评价。

（二）郑微和西莉亚身上不同的地方

为什么都是主动追求男方，郑微最后没得到幸福，然而西莉亚却得到了幸福？那是因为，郑微和西莉亚还存在着不同。

首先，我们来看一下，郑微对陈孝正的追求是奠定在什么基础上的？

根据电影里的情节反映，郑微对陈孝正的追求只是因为陈孝正让她不痛快过两次，她去报复未果，然后朝思暮想，最后归结成为爱情的。而原著小说里的话则是这样交代的："就如同她不知道自己为什么会喜欢上他，也许人人都喜欢玉面小飞龙，唯独他把她踩在了脚底下，她爱上了她的劫难，所以愿意低下头来。"

这是一种什么样的感情基础？这是爱吗？还是，只是为了验证和得到？验证"我郑微确实是有价值的，你终将也会和别人一样喜欢我。我不允许你那么与众不同地对我无动于衷。"

郑微在对陈孝正展开追求前，组织同学调查了陈孝正的情况，但她这番对陈孝正的调查是基于什么目的？是为了更好地了解一个人去疼惜他，还是为了抓住一个人的弱点去复仇？

在郑微对陈孝正的追求中，她看到的是不是陈孝正整个人？她是不是欣赏陈孝正整个人？

其次，再看看郑微对选择伴侣的态度，这也是在整部电影里，她让我最无语的镜头，那就是她对林静说："你去和师姐在一起吧，她能拿出生命来追求你。"郑微的意思是"谁追得狠就选择谁"吗？

我们是不是有自己的意志、对生活有自己想法的人？我们是不是也尊

第十四章 | 男神到我碗里来——女追男

重别人的意志、别人对他们自己对生活的想法？如果一个人不符合我们对自己生活的设定，那么无论他/她追得再狠，我们是否依旧坚持自己生活的选择权利？如果我们不符合其他人对他们生活的设定，那么无论我们追得多狠，对方是否依旧坚持他们自己生活的选择权利？

电影中这个师姐"拿出生命"来追，是怎么个拿出生命法？不是把生命用在好好生活，让自己也让别人快乐上；而是用在对别人死缠烂打，甚至寻死觅活要挟上。这样用"生命"来追，恕我直言，是在"绑架"。

凡是心理成熟的人，在被这样追求的时候，恐怕都不会认为这是一种"幸福"。这种追求本身就缺乏对被追求那方自由意志的基本尊重。

最后，看看郑微对生活的态度。

郑微对爱情的态度，前面已经描述过了，基本上是稀里糊涂的，在追求陈孝正之前从来没想过追到他是为了做什么，她只是为了追而追，为了让自己好受而追。她想了，也就去做了。虽然追求的过程她确实很卖力、让人感动，但这种选择目标的盲目性让人不敢苟同。

再看郑微对生活的态度，在影片中反映不多，但有一个镜头可以作为参考，就是郑微和陈孝正在教室里写作业时，郑微不断"窸窸窣窣"地吃着薯片，当陈孝正对此不认可的时候，她觉得陈孝正古板。而后来，在陈孝正指出她作业上的错误的时候，她也并不同意陈孝正的意见，而是非常郁闷地说："老师也说了，可以有一定误差的啊。"

从这个镜头似乎可以看出来，在郑微心中，生活不必那样"较真"，有些误差一开始就可以有；而不是，在一开始先用严肃的态度对待，如果后来有误差再接受。

四

再来看看西莉亚追求安德鲁的原因以及她对爱情、对人生的态度。

西莉亚对安德鲁医生的求婚，是经过深思熟虑的。在对安德鲁医生求婚之前，西莉亚就知道他在约翰斯·霍普金斯学医时功课全班第一；他是在马萨诸塞州总医院做的实习和住院医生，而只有最优秀的毕业生才能去那儿；另外，另一位深得患者信任的资深医生汤森大夫，从 50 个申请人中唯独挑选他进入了自己的诊所。

此外，西莉亚也了解安德鲁医生的为人。因为由于工作的原因，她已经和安德鲁医生有过多次接触，她知道他对病人的态度，也知道他对工作的态度。

西莉亚不但知道安德鲁出色的地方，也知道他的不足之处。比如，安德鲁医生对医药公司成见很深，但西莉亚并不愤恨、也不气馁，即使她自己正好就是一个医药公司代表——恰恰是安德鲁医生不满的那类人。

西莉亚对安德鲁医生求婚，不是为了报复，不是因为误会，也不是出于征服或激情，而是为了一起前行。西莉亚心中选择伴侣的标准，《烈药》这本书里并没有详细论述，然而从她一贯的人生态度上来看，她选择安德鲁医生是因为安德鲁医生符合她人生的规划。西莉亚的人生规划是什么？书中这样介绍了西莉亚的成长经历。她出身于平民家庭，靠着奖学金以及夜晚和周末在药房打工，从宾州大学毕业，获得了化学学士学位。凭着这个学士学位，她向费尔丁—罗思制药公司申请做一个助理药剂师。被录用后，她在制药实验室工作了两年；当她意识到实验室不适合自己的时候，她打报告想从实验室转到销售部门去工作。但是她这个申请被回绝了，因为当时公司的政策是，妇女只能在销售部门当秘书，公司里没有女性销售

第十四章 | 男神到我碗里来——女追男

人员。

在1960年左右的美国，没有男女工作平权的说法，西莉亚无处说理，她为了实现自己的职业梦想，采用了一个有风险的做法突破了这个阻碍。西莉亚是怎么做的呢？感兴趣的朋友们可以自行去《烈药》那本书里搜索，就在那本书的前五章内容里，在西莉亚向安德鲁医生介绍自己发展的历程时，她说得很清楚。

这个做法虽然很正大光明，但很冒险，除了被解雇，也许还会受到羞辱，西莉亚虽然心怀忐忑但还是依旧坚定不移地去做了。西莉亚在对安德鲁求婚前说了这样一句话："妇女将要干许多她们从来没干过的事情，这日子就要到来，事实上，现在已经到来。"而她说这句话的态度也是一本正经，并不准备因任何人的反驳而有所动摇，也并不准备和任何人争辩这句话的真实性。她表现出来的就是无论别人怎样认为，她都会用最认真的态度推进她的生活。

西莉亚对安德鲁医生的追求，正是她实现人生理想计划的一部分。

五

总结一下，虽然西莉亚和郑微都自信、勇敢、热情，然而她俩对于爱情和人生的态度大不同。

在郑微心中，对于爱情是稀里糊涂的；对于人生，她也没仔细想过。而对于西莉亚来说，爱情是她整个人生的一个组成部分，要为她的人生服务；而她的人生，是要用来做很多她想做的事的，并不是仅仅局限于感情。

关系是双方参与的，在分析了两位女性之后，我们再来对比一下陈孝正和安德鲁医生的区别。

从电影《致我们终将逝去的青春》里可以看出，陈孝正没有父亲，母亲脾气古怪，因此受这些成长背景的影响，在陈孝正的心底，他并不懂得什么叫"爱"。在他的生命中，生活本身的艰难是更值得关注的事；对于婚姻或者对婚姻伴侣，他并没有一个很好的供他学习的榜样。

后来，陈孝正虽然受到了郑微的吸引，但那也远非是全心全意的赞赏。从他们一开始冲突产生到后来分手的过程中，郑微和陈孝正就出现过不止一次关于价值观以及人生观的争吵。

比如在食堂中，郑微把陈孝正的饭扣在秤上，让陈孝正气愤难言；在教室里，陈孝正在认真读书，郑微却像老鼠一样窸窸窣窣地吃薯片；在他们讨论作业的过程中，陈孝正追求精确负责，郑微却主张允许出现"许可范围内的误差"。

一方是感情至上、行事张扬、肆无忌惮，在"许可的范围内"不计后果；另一方是现实最大、凡事内敛、艰难求生，凡事务求谨慎精确。郑微和陈孝正确实是互相吸引了，却是因为对方和自己的极端不同而互相吸引。但最后他们的分手，不也正是因为他们太不同了吗？

"你永远不能理解我的世界，因为你永远站不到我的立场上。""我虽然以为我爱你，但是我又怎能不为此悲观失望。"

因此，虽然陈孝正后来扛不住郑微的追求和她在一起了，也动心了，但是，他从来不认为她会是理解他、支持他、懂得他的那一个人；而在有所经历之前、在功成名就之前，他既没有真正意识到郑微那种"感情"的可贵性，也没有机会发现郑微对自己的重要性。

所以，虽然他觉得可惜，虽然他有歉疚，但在"出国留学"和"郑微"之间，他最终还是选了"出国留学"，甚至都没有去考虑，也许这两者并不矛盾，可以两全。而即使在他做了这样的决定之后，他也不认为他需要把这件事通知郑微。

六

我们再来看一看安德鲁医生。

安德鲁医生的成长过程中也是有创伤的，他父母的不幸婚姻让他长期以来对婚姻充满了犹疑，但幸运的是，安德鲁后来得到了姑妈的悉心抚养，这让他在对婚姻的犹疑中看到了一线光明，姑妈的爱让他相信，世界上是存在温暖感情的，也让他能辨别出什么是适合他的。

在西莉亚之前，安德鲁医生结交过其他女孩子，但谁也没让他有过想结婚的感觉，直到西莉亚对他贸然提出"我们结婚吧"这样的要求。然而，当安德鲁医生被求婚的时候，浮现在他脑海中的让他答应西莉亚的并非西莉亚的美貌或性感，而是在那之前他俩共同经历过的一切。

他想的不是花前月下或者西莉亚的性感美貌，事实上，他俩当时也还没有共度过那样的光阴，而西莉亚也没有展现过她这方面的特质。安德鲁医生想起的，是当他因为患者的情况粗鲁地对待这个女孩的时候，她没有计较他的粗鲁态度，而是询问他究竟发生了什么？而当得到回答，知道他有个重病的患者正在死亡线上挣扎的时候，她没说一句话第一时间离开了他的办公室。当时安德鲁医生以为女孩离开，是因为她懂得了好歹，死了对他推销药物的心，他没想到，这个女孩为拯救这个患者开始四处奔波。

西莉亚知道有一种正在研究的新药正对他这位患者的症状，一分钟也没有浪费，设法取得了相应的药物，然后又办好了所有需要的、烦琐的、不知道花费了多少时间的手续，并且又在瓢泼大雨的天气里，片刻不停地开车回到医院。

她浑身被雨浇得透湿地站在他面前，却再次被他粗鲁地对待，然而她依旧没有在意他的粗鲁，而是不带任何个人感情地告诉他，她已经为他铺好了一条极有可能拯救其患者的道路，只要取得医院和患者家属的同意即可。

在安德鲁继续为是否试这个新药犹豫的时候，是西莉亚又推了他一把，对他说"别浪费时间了"，促使他终于踏上了拯救这位患者的道路。患者幸运得救了。

安德鲁同意和西莉亚结婚，正是因为他看到了西莉亚的这些品质。西莉亚这种积极、顽强、负责的工作态度，使他发自内心地接受了她。安德鲁医生对西莉亚的首肯，应该也源于他的认识，他认为有这种工作态度的人，一定也会用同样的态度对待婚姻。

对比一下陈孝正和安德鲁医生，我们可以发现：陈孝正和郑微在一起，是因为他扛不住她的追求；而安德鲁医生和西莉亚在一起，是因为他看到了她的品质。

七

看完郑微和西莉亚的故事后，对于"女追男"能否幸福这个问题，大家是否已经得出了自己的结论？

我的结论是：女追男是有可能幸福的，只是要看你追的是谁、又是怎么追的、你追他为的是什么。

根据我们上面对郑微和西莉亚的故事的分析和对比，我认为，当你的"女追男"行动符合以下几点时，你极有可能得到幸福：

- 你知道自己这辈子要怎样生活，你想好了自己生活的焦点会在哪里，你是以事业为中心，还是以家庭为中心，或者是要在事业和家庭中取得均衡。

第十四章 | 男神到我碗里来——女追男

- 你知道什么样的男人是你需要的,他的生活计划应该能和你的生活计划相匹配。
- 找到这样的男人,和他相处,与他共同经历一些事,让他在这些事中了解到你究竟是怎样一个人,然后让他根据这些做答应你或不答应你追求的依据。

而当你自己还糊涂着,对自己的生活毫无规划;也不了解你要追的这个男人到底是什么人,只看表面现象,仅凭一时意气或者人云亦云地跟风去追;也并没有抓住机会让这个男人在你身上看到能符合他需要的那些品质,你进行的"女追男"就很难走向幸福。

事实上,不管是"女追男"还是"男追女",不外都是以下几种后果:

- 没追上。
- 追上了,且得到了终身幸福。
- 追上了,但没得到终身幸福。或许是在一起争吵不断、貌合神离,或许是在一起一段时间后黯然分手。

那么,在3种结果里,是不是只要是"男追女"开始的关系,就一定会"追上了,且得到了终身幸福"?是不是只要是"女追男"开始的关系,就一定是"追不上",或"追上了,但没得到终身幸福"?不用我说,大家也会意识到,即使开始时是男性主动追求的女性,也并不能保证这段关系就一定会走向幸福。

"男追女"固然是我国婚恋关系开始建立时的常见模式,但是,在以"男追女"开始后建立的恋爱关系中,出现诸如吵架斗嘴、移情别恋、劈腿出轨等各种矛盾的概率,并不一定就比在以"女追男"开始的婚恋关系中的小。

可以这样说,"女追男"固然有不幸福的可能,但由"男追女"开始的恋情也不一定就必然走向成功。所以，我认为"能不能得到幸福"，和一开始是"谁追谁"并没多大的关系，想要幸福，关键还在于恋爱的双方是怎样的人。在恋爱的时候，恋爱的双方对彼此是否足够了解？你们看重的是不是相同的东西？在恋爱的时候，双方以怎样的方式相处？在恋爱的时候，双方遇到感情上的波折后会用什么样的态度、什么样的方式来处理？

"也就是说，能不能得到幸福，不在于谁追谁，而在于关系的双方，也就是对彼此的认识、了解、相处方式以及对人生的规划是否一致等这些问题上，对吗？"琳琳复述着我的观点，思索着……

她说："我虽然没有郑微那样勇敢，然而我也不像她那样茫然，因为我已经有所经历，我愿意学习西莉亚。那么，朱老师，在这样的追求过程中，我需要注意什么吗？怎样才是追求一个人的正确方法？或者说，怎样才能让他爱上我？"

第十五章
男神到我碗里来——怎样让他爱上我

"什么才是追求一个人的正确方法？或者说，怎样才能让他爱上我？"琳琳问了一个好大的问题。这个问题，对恋爱中的人来说可能是最感兴趣的话题了。

了解这个问题前，我建议大家先去欣赏一下1997年上映的美国电影《圣徒》。《圣徒》的故事情节大致如下：

孤儿西蒙幼时生活在教会孤儿院中，他经受住了那里严苛的生活环境，同时学会了一套撬门开锁的能力。多年以后，离开孤儿院的西蒙已经成为一名技艺出众的大盗，他能运用高明的化妆术乔装成任何人、潜入任何地方、偷取任何有价值的东西。

就在西蒙计划筹措5 000万元之后便金盆洗手去享受人生的时候，他接了一单生意，雇主要求西蒙盗取足以解决能源危机的核技术，而掌握该技术的艾玛博士是一位年轻貌美的姑娘。西蒙为得到从艾玛博士身边窃取情报的机会，想方设法地诱导她爱上了自己，随后便上演了一场神偷与欲望和邪恶势力斗争但最终做出正确选择的跌宕起伏的故事。

神偷和科研工作者，他俩之间的距离仿若天堑，理应没有任何共同的语言，生活中也没有任何可以接近的机会，那么西蒙是怎样跨越过这道"天堑"的？

西蒙做的第一件事就是去了解对方。他先易容去了艾玛博士工作的实验室,了解到她在工作场所的表现以及她的外表形象。

随后,他趁艾玛博士不在家的时候潜入她的住所,观察她屋内摆放的照片、翻看她随手记录的文字,据此了解到艾玛博士的内心。比如,除了专业外,她还有哪些兴趣爱好?她对爱情的态度以及她欣赏的爱情的类型是什么样的?

电影演到这一段的时候,出现西蒙拿起艾玛桌上摆放着的一张照片端详的镜头,电影着重给了那张照片一个镜头,让大家看到了照片里是一名有着长长金黄色卷发的年轻男人。这个男人是谁呢?西蒙去做了调查。接下来,西蒙就准备好了和艾玛博士的见面。

这一天,艾玛博士按照日常惯例来到艺术馆里,正站在诗人雪莱的雕塑前浮想联翩时,身后忽然传来男子的性感嗓音。这个声音在吟诵一首诗,而这首诗正是艾玛博士最喜欢的、此时正在脑海中反复回味的诗句。艾玛博士不由应声转过头去,她看到一个男人,一个和她记忆中她幼年时期的父亲几乎一模一样的人,一位披着长长的金黄色卷发的年轻人。

俗话说:每一个小女孩都是父亲的前世情人,每一位父亲都是小女孩心目中的英雄。西蒙不但装扮成了艾玛父亲相似的模样,而且去调查了艾玛父亲的生平。他模仿着艾玛父亲那种经历、那种性格的人可能的状态开口说话;他朗诵的诗句是他从艾玛的笔记本上看到的她亲笔写在上面的诗句。

想想女主角听到自己的心声被人念响在耳边,然后回过头来,又看到眼前这位仿佛是这辈子自己在世界上最爱、也是第一个爱上的男人的这一刻吧!这是多么梦幻与神奇!艾玛爱情的大门,自此做好了随时开启的准备。

第十五章 男神到我碗里来——怎样让他爱上我

在这样奇迹般的相遇之后,随着故事发展,西蒙进一步根据他对女主人公的了解,制造种种见面场景,为他俩的感情发展推波助澜。同时,因为敌人的陷害,男女两位主人公又一起经历了一场揭露阴谋的斗争。在这些惊心动魄的冒险生涯中,男女双方经过背叛、理解、沟通、原谅后,终于产生了真正的爱情。

这里并不讨论这部电影其他情节的观赏性,我想告诉大家的是,这场电影有关"爱情"产生的部分内容相当科学。

是什么原因,让人们在芸芸众生中挑选出了自己的爱人?他/她明明不是第一个也肯定不是唯一那个我们能遇到的异性,是什么原因让我们偏偏就看中了"他"或"她"?

是什么原因,让人们明明在上一刻还觉得此生爱情无望,而下一刻看到一个陌生人时全身竟然立刻沸腾起难以磨灭的激情?

爱情真的是没有原因的吗?答案是"不是"。

爱情和世界上许多其他的事物一样,有它自身的原因和规律。只是这些原因和规律,有些是显而易见的,有些却需要我们去研究探讨。

有关爱情,这件最令人着迷的事情,科学家们已经做过无数次调查研究以及科学实验,下面就是目前得出的一些公认的结论,如果想让对方爱上你,你要做的有以下几点。

(一)选择合适的相遇时机

众所周知,当人们酒足饭饱、昏昏欲睡的时候,人们一般是不会再想吃东西的;同理,当人们生活得十分规律,工作按部就班顺利进行,情感充实平稳时,人们通常也不容易坠入爱河。而当人们哀伤、寂寞、烦恼、困惑,或者有什么其他情感波动,比如额外兴奋或难过的时候,人们的心灵则很容易被情感打动。

比如电影《圣徒》中的艾玛博士，虽然工作上春风得意，但在情感上却正处于寂寞红颜老、知音少一人的惆怅之中，正好处在一种心灵上的易感状态，而"骗子"西蒙恰恰就是在此时"乘虚而入"的。正在阅读这部分内容的你也可以想想，你最渴望拥有一个伴侣或者曾经被他人激起情感冲动时是什么时候呢？

研究表明：当我们处于情感被唤醒的状态时，我们比平时更容易产生情感的波动。这有点儿像在油热之前，往里面洒一滴水，不会有什么大影响；但在油烧热乃至沸腾的时候，往里面洒一滴水，就会引起无数油花乱溅。

你可能听说过那个著名的"吊桥实验"，它是由心理学家唐纳德·达顿和阿瑟·埃伦在温哥华北部的卡普兰诺峡谷那里操作的（这个峡谷景色十分美丽，至今仍然是著名景点）。

加拿大温哥华北部的卡普兰诺峡谷中有两座桥：一座是较轻的吊桥，宽5英尺，以2条粗麻绳及木板构成，悬挂在离地面230英尺的空中；另一座是位于它上游的更稳固、更宽也更低的桥。

研究小组让一位漂亮的年轻女士分别站在两座桥的中央，等待着18～35岁没有女性同伴的男性过桥，并请他们填写一份问卷。填完后，这位美貌女郎都会看似无意地告诉那些男人，如果他想进一步知道答案的话，可以往她家打电话。她给每一位被调查者都留下了电话号码。

研究结果显示，在更高、更晃、更窄的那座桥上回答问卷的13位参与者中，有9位事后都给姑娘打了电话，而在那座更低、更稳、更宽的桥上走过的13位男士中，只有2位打来了电话。

这个实验实质上对这些被调查者的情感状态产生了"唤醒"作用。

"吊桥实验"过后，在实验室中，埃伦再次验证他的"激活论"或者说"唤醒论"，他让一组人跑步 10 分钟，然后将他们与条件相同但未跑步的另一组作比较，运动后的人更容易被照片上的帅哥美女所吸引。

除了"唤醒论"外，对"卡普兰诺吊桥"实验的结果，还有一种解释，也就是"归因错误"。"归因错误"理论认为：危险或运动均会刺激肾上腺素的分泌，而肾上腺素会让人心跳加快；同样，遇到你的心上人时，你也会情不自禁心跳加快；所以，如果你把环境因素的影响，错误归结到是因为对面这个人引起的时候，你就会"误"以为自己爱上了他/她。

无论对"卡普兰诺吊桥"实验结果的解释哪种更为贴切，这种在对方情感唤醒的状态下和对方交往，更容易让对方对你心动的结论是毋庸置疑的。几乎所有的影视编剧，就算没有学过心理学，也会出于本能地安排这样"英雄救美"或者"美救英雄"的情节设置，电影《圣徒》里也是这样，男主角西蒙不但在一开始选择了女主角芳心寂寞的时刻，后来更是和女主角一起经历了许多惊心动魄的时刻，然后最初的虚情假意变成了真正的爱情。

所以，想追求一个人吗？你需要做的是选择合适的时机，也就是对方正在情感唤醒状态下的时刻，比如他/她刚跑完步或打完球、他/她刚刚失恋、他/她遇到了什么挫折，或者他/她接到了什么重大喜讯的时候，在对方情绪正在波动的时候出现在他/她面前。

如果你俩的初次相遇恰恰不在对方那个情感唤醒的时刻也没问题，你可以去唤醒他/她，比如试着邀请他/她和你一起去参加一些激动人心的活动，共同参加一场演唱会，或者一起观看一部恐怖片，很可能你的求爱活动便会因此事半功倍！

（二）满足对方的兴趣点

想要让一个人对你感兴趣，要做的自然是符合他/她的兴趣点。那么，人们在寻找伴侣的时候，会对什么因素感兴趣呢？

- 新鲜感。一只小猫懒洋洋地躺在阳光下，舒舒服服地半眯着眼，若有若无地打着呼噜，忽然，它的身体开始绷紧，眼神也从迷离变得专注，然后它悄无声息地慢慢站起来，弓起身子，屏神静气，突然，像支离弦的箭一般飞快地蹿了出去！如果你养过猫，你可能就会对这样的情景十分熟悉。

那么，引起这只小猫变化的、或者说吸引它注意力的会是什么？必然是一样出现在熟悉环境中的陌生事物，或是一样在静止的背景中有动作的东西。因为其他所有东西都是静止的，所以唯一活动着的这件事物，就吸引了这只猫所有的注意力。

新鲜感是一种非常能吸引人注意力的东西。所谓"新鲜"，就是一种和周围人们已经熟悉的东西不同的属性。

你有没有过这样的经历？在你日复一日的平常生活中，忽然出现了一个新鲜的"元素"，然后在一段时间内，你的全部注意力都会集中在这个新鲜"元素"上。这个新鲜的"元素"可能是：一个转学来的新同学，一个刚入职的新同事，一件新的玩具，一样新的机器，乃至一段话中突然冒出来的一个你不认识的字。

人类的大脑中，有一种神经递质，和学习了解新鲜刺激有关，这种神经递质的名字叫多巴胺。大脑中多巴胺水平增高，会让人产生集中的注意力，树立坚定的目标，采取坚决的行动。同时，多巴胺水平的增高，还会给人带来兴奋感，精力上涨，情绪亢奋，有时睡不着觉、吃不下饭、心跳加快、呼吸加速，甚至有人会感觉到万分紧张。是的，如果一个人在和另外一个人的相处中出现如上描述的这些反应时，他/她就会觉得自己是陷入了爱河。

用生物发展的角度来解释"新鲜事物的出现能增加人的注意力"也很容易，设想一下你回到以狩猎为生的原始时代，当你静悄悄地潜伏在某个地方等待猎物出现的时候，什么东西能引起猎物的注意？当然是那些新出现的动静。

所以，如果你想吸引你心仪的对象让他/她对你注意的话，你首先可以做的就是，让自己对他/她而言是新鲜的。如果你以前不认识他/她，那么当你第一次出现在他/她面前时，你需要和以前出现在他/她面前的那些你的潜在竞争者不同，或者和他/她习惯了的生活环境不同，这样，你就能成功地在第一瞬间抓住他/她的注意力，让他/她对你产生兴趣。如果你已经是他/她的朋友或同事，那么你需要做的，是想个主意改头换面，或者做个外形上的重大改变，或者改变一下言谈举止，让他/她突然发现，原来他/她并不真正熟悉你，从而对你产生兴趣。

这种利用"新鲜感"引起人注意的技巧，影视作品上常有表现，也常加利用。比如，有些人物的出场，并不给全景，而是先给一个背影，或者一个声音，或者穿着锃亮的皮鞋、从汽车上探下的一只脚。再比如，原本不那样引人注目的主人公，在某个事件后痛定思痛，来了一个"华丽的转身"，在荧幕上重新出现时，让所有在场观众都张大了嘴巴，情不自禁地发出一声赞叹。

- 美貌和能力。我们在"只有'白富美'才能得到爱情"那一章已经解释过美貌和能力对人的影响。这里再简单总结一下：无论男人还是女人，都喜欢"美貌"的对方，"美貌"对男人更有作用，科学家对大脑的研究与社会学调查也都支持这个结论。但人类对美貌的追求并不是出于"劣根性",而是出于繁衍后代的需求,这是生物生存的本能。或许随着时代的发展,人们对繁衍后代的需求不那么大了,这个与本能相关的标准会慢慢产生变化,在这个标准还没有发生变化之前,我们可以想办法去适应它。

如果和别人对比的话,关于是不是"美貌"的答案可能真的是让人很沮丧。比如按大众的眼光,芙蓉姐姐确实比不过范冰冰;但是,我们也需要注意一个事实,那就是减肥并且适当修饰之后的芙蓉姐姐,确实比没做这些事之前的芙蓉姐姐顺眼了很多。

所以,你如果对自己现在的外貌不满意,那你需要做的不是改变自己成为别人,而是努力呈现出最好的自己。而随着男女的平等,能力这样东西,不但能吸引到女性也会使很多男人折服呢。

- 真诚。新鲜感随着时间的消逝会逐渐淡化,美貌随着年龄的增长会逐渐逝去,外部形势的变化也总出乎人们的控制,与别人相遇的时机有时候也未必能在我们的掌握之中。在千变万化的世界中,如果说还有一样能影响他人对我们喜欢程度的因素,那就是第三个因素:真诚的人格品质。

调查统计显示,影响他人喜欢我们的最稳定的因素之一,就是我们所具备的人格品质;而人格品质,也是个体吸引力的最重要的来源。在人格品质中,真诚是人们最欣赏的一项。

美国学者安德森(N. Anderson,1968)曾做过一项研究,调查了影响人际关系的一系列人格品质,诸如真诚、理解、热情、善良、快乐、幽默、羞怯、天真、自私、虚假、冷酷等。研究结果显示,最受人们喜爱的人格品质前六位是真诚、诚实、理解、忠诚、真实、可信。

这6样人格品质或多或少、直接或间接地都与真诚相关。

而在受人喜爱程度最低的几个品质中，则包括说谎、装假、虚伪，这也正好是真诚的反面。

什么叫真诚？我想，放在爱情里，真诚首先是种态度的取向，也就是说，你和对方结识，你想打动对方乃至和对方建立关系的目的到底是什么？你是为了证明你的魅力？为了性需求的满足？为了物质欲望的满足？还是为了真正进行长久情感交流和相互陪伴？

你对这份关系的定位和你交往的对象对这份关系的定位一致吗？你和他/她讨论过吗？征询过对方的意见吗？在我看来，如果是双方意见一致、发展方向一致的关系，那就是一份真诚的关系；而在对方并不知情的情况下，为了满足自己的个人愿望而利用各种技巧进行的加深双方关系的做法，那就是一种"不真诚"。

在不真诚的态度下，所使用的各种促进关系的手段就不能称作"技巧"，而只能被叫做"伎俩"。大家都知道"技巧"和"伎俩"的区别吧？"技巧"是帮助我们成功达到目的的方法；而"伎俩"则迟早会大白于天下，给使用它的人带来鄙夷和唾弃。

- 相似与互补。除了新鲜感、美貌和能力、真诚之外，还有一个因素能获得对方的好感，那就是我们在前面提到过的"相似与互补"。

我们都有过类似的经历，在一大群人中，偏偏就对某一个人感兴趣，或者偏偏是这几个人或那几个人结为了伙伴，其他的人却在圈子之外。我们寻找伙伴或者允许别人接近我们、成为我们伙伴的原因在哪里？

在人们的幼年时期，"邻近"是促成人们进行交往的主要因素，比如在学校座位靠近、家庭住址紧邻、家长互为朋友等。随着年龄的增加，人们开始变得有选择性，开始根据对方的行为、品质或有没有相同的兴趣作为考虑是否与对方接近的标准。再大一些，人们开始注重一些人格方面的因素，注意到互相尊重、彼此欣赏的因素。也就是说，随着年龄的增长，人们的选择越来越开始具备个人色彩，开始出现偏好，尤其是在爱情方面。如果人们留心的话，就会发现吸引他们的人总会有一些固定的特点。

一般来说，会吸引彼此的人，要么就是相似，要么就是互补。"学霸加学霸""学渣加学渣"或"学霸加学渣"这样的人际交往组合模式恰好就能作为"相似与互补"的说明。

正如我们在"适合做一生伴侣的人"那章里提到过的，能让人们互相喜欢的相似点主要包括：信念、价值观与人格特征的相似；兴趣、爱好方面的相似；社会背景、地位的相似等。而"互补"是一种特殊的"相似"，是在基调一致上的具体条件或具体表现上互相补充的关系。

当关系双方的需要、社会角色和人格特征都呈互补关系，且各自赏识对方和自己的不同之处时，彼此之间产生的吸引力会非常强大。

（三）自信地行动

在掌握了上面讲的这些理论要点后，你接下来要进行的就是行动。坐着不动，只是心里东想西想，即使心中自以为已经爱得天翻地覆，在旁人的眼里，却什么也看不出来，没有人会受到影响，更不会对关系的建立产生效果。

自信地行动包括以下三个要点：

1. 做自己。什么叫"做自己"？

难道我们每天不是在做自己吗？

答案是："貌似是，其实不是"。

为什么这样说？因为我们很多人从心底里都不相信"我现在这个原本的样子就是值得爱的"我们自以为做的是自己，可是在真的要做什么、要说什么的时候，情不自禁地就会想："我这样做对吗？""我这样做好吗？""我这样做会得到对方的认可吗？"

放在爱情中，出现的画面就是，很多年轻朋友一喜欢上什么人，就开始手足无措，整天想着如何才能投对方所好。他们会想："他/她到底喜欢什么样的人呢？""我是显示一下我会做家务呢？还是显示显示我对小朋友或小动物的爱心呢？"或者"我该扮一扮含蓄斯文，还是扮一扮性感健美？"

在你想这些的时候，我想提醒你：

- 虚假的外表总有一天会被揭穿。如果你想表现的，是你本身就具有的特点，那当然没问题。但是，假使你生来就是个大碗喝酒、大块吃肉的爽朗个性，只是为了结交某个对象而故作文弱的话，你觉得会有什么样的结果？你能装一时，但能装一世吗？

"我有决心一直演下去！我愿意为对方改变！"可能还有的年轻人会不死心。哦，真的吗？两个人的相处是亲密无间、一辈子的事，你确信你能演一辈子？如果你能演一辈子也未尝不可，因为那就是真的了。如果你不能演一辈子，当你终于百密一疏，无意之中暴露了你真面目的时候，你觉得会发生什么事？而且事情会按你的预料发展吗？

回想一下电影里那样的情节。刁蛮、虚荣、虚伪、扭曲的女配角为了获得男主人公的欢心，故作温柔善良、体贴慈善，而且也果真获得了男主人公的青睐，但在她就要得手的最后时刻，总是会被纯真的女主人公及其朋友们揭穿她的伪装，最后女配角在众人面前洋相百出，同时失去心上人。

男性角色也是这样啊，为了得到某女主人公的芳心，男配角设下种种计策，果然赢得美人在怀。可是多年后，前来复仇的男主人公会揭穿他的阴谋诡计，然后钱财、美人毁于一旦。外国文学名著《基督山伯爵》讲的不就是这样一个故事吗？

电影固然不是真正的生活，然而它能反映真实的生活，表达人们的真实渴望。

人们喜爱真诚的人，厌恶虚伪的人。

- 做最擅长的事时你最迷人。人无法表现出自己所不具备的特点。

假设你求爱的对象很欣赏某方面特点，而你在这个方面恰恰不擅长，你觉得你能靠伪装来打动他/她吗？即使能伪装出来，恐怕也难以产生效果。比如，你天生就怕狗，对方却狂爱动物，你要做些什么，才能让对方感受到你是发自内心和他/她一样热爱动物和他/她有共同话题呢？别难为自己，也别难为对方了。或者说，你的竞争者在某个方面擅长的恰恰是你不擅长的，你能靠伪装来打败他/她吗？

你要想吸引一个人，就必须用自己身上具备的那些闪光点去吸引他/她；而不是用自己没有的优势和别人竞争。鱼天生就在飞行上竞争不过鸟，你如果做的不是自己，那么迟早会落败。

"江山易改，本性难移"，你与其把时间花在扭曲本性、时时刻刻会穿帮的掩饰自己的行为上，不如把时间花在从容自信展示真实自己的行为上。

你要从心底相信："我这个样子，已经很好了！""我是值得爱的！"

记得那句话吗？"自信的女人最美丽"——这句话完全没错。不管男人还是女人，都是在自信的时候最有魅力呢。

你能否想得起来，你生活中哪些时刻，你的某些其貌不扬、平时看起来非常普通的同学、同事或朋友，会忽然变得容光焕发、光彩照人？我想，八成会是在他们做自己喜欢或擅长的事情时吧？

我就有这样一位女同事，平时是个很安静、不惹人注意的人，但是她一写起东西来，那种专注的神态就让人觉得十分迷人。她的男朋友就是因此而倾慕上她的，用她男朋友的话来说："我女朋友最性感的时刻，就是她戴着眼镜坐在电脑前，入迷地盯着屏幕，双手十指飞舞的时候。每当那样的时刻，我都情不自禁地想走过去把她拉过来吻她。"

所以，想要追到心仪的对象，第一步就是做你自己。做你最愿意做的事，穿你最愿意穿的衣服，说发自你本心的话，用你最真诚的态度。只有当你是你自己、你也真正爱你自己的时候，你所表现出来的才是最有吸引力的你。

● 骗来的爱情无意义。你希不希望将来你的伴侣在拥抱你的时候心里却想着别的人？如果你不希望的话，那么从一开始，你就在他/她面前做你自己而不是伪装别人吧。

有时候，我们是那样想和某一个人在一起，只要对方喜欢，似乎什么都可以为他/她做、为他/她改变，可是你想没想过，你谈恋爱到底是为什么？是要扮演一个虚假的人去迎合对方的要求，还是要一个人来爱真正的你？你是要买适合自己脚穿的那双鞋，还是要把自己的脚削掉一块去适应那双鞋？你到底想让他/她爱上的是"你"，还是什么别的人？

看一个例子：李晓倩喜欢上了张小山，为了和他交朋友，她特意研究了张小山的性格，结果发现张小山喜欢比较柔弱的女孩子，于是李晓倩就收敛了自己张扬的个性，在和张小山交往时，刻意表现柔弱，后来他俩的关系果然如她期望的那样发展下去，最后二人结婚了。

结婚后，李晓倩越来越懒得继续伪装，变得个性张扬，张小山非常郁闷，觉得这不再是当初那个依靠自己的女孩子了，他觉得自己不再有价值感。而李晓倩也很生气，觉得自己更委屈，她对张小山喊："你根本就不欣赏真正的我。"可这又是谁的错呢？是谁一开始伪装了自己，现在又来抱怨对方不欣赏真正的自己？李晓倩的不幸福，正是因为她一开始的伪装带来的，是她自己造成的"恶果"。

我们为什么要扮演"别人"？是因为我们觉得自己原本的样子根本不可爱、不值得爱，没有任何人会爱上我们吗？可是，如果你自己都发自内心地不相信真实的自己值得爱，自己不爱自己，你觉得别人又能多爱你呢？就像要销售一样货物之前，你要先肯定自己货物的质量，别人才能被你说服；假使你自己都对自己卖的货色心虚，你想想买你东西的人会有什么感受？

另外，即使你真的很擅长表演，同时也没有什么意外因素揭穿你，你也确实能坚持一辈子，也因此成功地吸引到一个人并和他/她生活在一起，我还是想问你："你快乐吗？"

最后，还是那句话，"你希不希望将来你的伴侣在床上抱着你，心里却想着别的人"？

如果不希望，就请从一开始就别伪装成那个"别的人"，而是表里如一做你自己吧！

2. 做最好的自己。做自己并不意味着要时刻表现出自己最恶劣的方面，而是说"不伪装成别人"。如果想达到吸引人的目的，你需要"做最好的自己"。

人的想法有时候很矛盾，又想投人所好让别人喜欢自己，又会有"我就是这个样子的，要是连这样的我也能接受，那才是对我真正的喜欢"的想法。

玛丽莲·梦露说过："如果不能接受我最坏的那面，就不配拥有我最好的那面。"可是亲爱的，当你想将同样的话用在自己身上时，你有没有想过，那是玛丽莲·梦露哎，在她说这句话的时候，她最好的那面已经广为人知了，很多人愿意为了她美好的一面去接受她不那么好的一面。

而我们呢？如果在我们还没和一个人开始交往的时候，就以最丑、最坏的样子出现在他/她面前，那么还怎能期望他/她会受到我们的吸引呢？表现恶劣且一无是处，还希望得到别人的爱，这种想法是不是太过分了？

"如果他/她能不计较一切地来爱这样一无所有的我，我就用我的一切来回报他/她"，这种想法姑且不论对错，只是理由呢？你是不是得先给对方一个爱你的理由？

你会不会毫无缘由、不计一切地爱上一个性格古怪、表现恶劣、对自己的外表也毫不修饰的流浪汉或乞丐女？你不会！那么，别人自然也不会爱上这样的你。

上面这种比喻只是一种夸张的说法，但在与人交往中，时刻用这种"换位思考"的方法提醒自己，未尝不是一件能促使自己表现恰当的方法啊。

如何做最好的自己？想想你要出席一个重要场合前的心态和会做的准备工作。比如，一次渴望已久的工作面试机会；比如，和一个特别满意的相亲对象的见面。为了出席这样的场合，你会事先购买合适的衣服和鞋子，打理好自己的头发，出门前还会洗个澡，或者还会喷些香水。到了面试或相亲的地点，你会注意自己身体的姿态，会在开口说话前注意采用的语气和语调。对，就是这样，请在日常生活中，就拿出这样的态度来吧。

关于做最好的自己，以下是我的几条建议：

- 注意衣着装扮。把你美丽的衣服和装饰品从柜子里拿出来穿在身上。有一句话叫做"你的穿着就是你自己"，你有没有这样的体会？当你穿着一件华丽的晚礼服时，你的心态和穿着汗衫拖鞋的心态一定是截然不同的。这种心态会立刻反映到你的神情举止上。

我曾经看过这样一个故事——《一件天鹅绒长裙》，说的就是衣着对人的影响。这是一个外国故事，故事讲的是某国战争年代，有些年轻人参加地下工作，其中有个女孩平时很平常，既不特别勇敢，也不特别聪明，甚至有时候大家还觉得她很胆怯、不太坚定。但是有一天，敌人获悉了这个地下工作站的信息，将几个参与者抓捕了，这个女孩也是被捕者之一。基于平时的印象，大家都很担心，心想这个女孩会不会泄露机密、出卖大家。结果到了法庭审判的那天，大家惊讶地看到，这个女孩穿着一件天鹅绒的长裙，就像一只骄傲美丽的天鹅一样，平静地仰着头，安详坚定地保守了所有的秘密。在这个女孩被释放后，大家情不自禁地询问她当时的感受。女孩说："我一直想要一条天鹅绒裙子，它是那样的美丽，我一直在攒钱，好不容易才做了一条。当我被捕的那个晚上，那条裙子刚刚送到，我才把它试穿在身上。"

"你要知道，当我在镜子里时看到自己的时候，那种感觉是多么震撼啊。"

"被捕后我也很害怕，但是我一想到这条裙子，一想到我自己穿着这条裙子的样子，我就想，这样的人怎么可以做出不圣洁的事呢？我只能做和穿着这条裙子的我匹配的事情。"

"所以，最后你们大家要感谢的话，就请感谢这条裙子吧"。

你瞧，一件美丽的衣裳，能带给我们这样大的力量。因此，请在日常生活中就让自己的穿着有"我是美好的"这种感觉吧，然后，你真的就会日益美好起来。

你当然不必总是买那些昂贵流行的衣物，你可以买一些经典的、质地优良、样式简洁、适于搭配的衣物来穿。这方面的知识和品位，可以通过多观赏一些传世的艺术品来获得；也可以通过大量浏览时尚杂志、观察影视节目上你喜欢的明星来做参考；甚至在上下班的时候注意身边那些偶然出现的、打扮得体的、让人欣赏的那些路人也能有所收获。

在练习穿衣搭配的初期，可能会犯一些错误，买一些不适合自己的东西，但是随着经验的增加，你会越来越懂得什么是适合自己的，最终寻找到适合自己的独特的穿衣之道。

有些年轻人心里总觉得为一套衣服花很多钱不合算，所以会购买很多廉价的衣物。我的建议是，与其购买很多廉价的在重要场合都用不上的衣物，不如将这些钱集中起来，购买少量的几身得体的高品质衣物。

还有些年轻人明白应该把自己装扮起来的道理，但心底里就是不愿意去做，似乎很害怕把自己显露出来。那么我想问一问，如果你刻意想把自己隐藏起来，又怎么能期望别人看到你呢？

而且，有时候马马虎虎的穿着还会给自己带来尴尬。

小华是个很好的女孩子，性格开朗，为人和善，但她总是懒得在平时将自己收拾整齐。后来她遇到一个很让她动心的相亲对象，每次和对方见面之前，她都会精心装扮自己，但不见面的时候，就还是平时的样子。结果某一次她像平时那样打扮，下班时和同事一起坐地铁，在地铁站里意外地和那位相亲对象偶遇了。那位相亲对象身边似乎还有一位女性长者，不知是不是他的母亲。小华立刻想到自己三天没洗的可能已经是油腻腻的头发，想到自己手上提着沾了污垢、早该送去清洗的手提包，想到身上穿的灰突突的大衣，顿时满脸通红，恨不得自己能立刻从地面消失。于是她只好装作没看见对方的样子，对同事严肃地说："我想起来忘了一件东西在办公室里。"然后没等同事反应过来，就转身逃出了地铁站。

小华最后和这位相亲对象没能缔结良缘，虽然小华也知道她和对方之所以没成功可能还有很多其他原因，但是她始终不能对自己和对方在这次在地铁站里的偶遇释怀。

所以，不要让那些粗陋的衣物、不得体的装扮掩盖了你美好的本质，使你错过本来可能属于你的良缘。把自己打扮起来吧。有什么衣物会比一段值得终生维系的良缘更昂贵呢？

- 注意自己面部表情、言语谈吐、仪态举止。如果你的经济条件真得很拮据，无法购买合适的衣物，那也没关系，你还有其他可以把自己装扮出众的东西，那就是你的面部表情、仪态举止和你的言语谈吐。外表是人内心的流露，当你的内心坦荡、阳光的时候，你的外在表现也会充满吸引力。

试想一下，你是愿意和一个总是温和开朗、有着动人微笑、全身上下洋溢着自信、对你很尊重友好的人打交道，还是愿意和一个傲慢粗鲁、脸部表情生冷僵硬、眼神中充满警惕、闲来背后没事就议论别人是非、唯唯诺诺、看见人就想藏起来的人打交道？

你愿意选择和前者打交道，对吧？没错，大部分人的选择和你是一样的。所以，你喜欢和什么样的人打交道，自己就先成为那样的人吧。不要等到重要的正式场合才注意自己的表现，在平时就要表现出自己最好的一面。平时如果对自己的言行不加以注意的话，无意中暴露的一些粗俗的举动被相关的人看在眼里，就会影响重要时刻对你的评价。

小张就经历过这样的事，当时别人给他介绍了一个相亲对象，双方接触后都很满意，女方准备在见过家长后，正式和他确立关系，结果见过女方家长后，女方的态度忽然冷下来了，提出要结束关系。小张百思不得其解，再三追问，才从介绍人处得知原来是女方的父亲认为小张的脾气不好。

女方的父亲得出这个结论的原因非常有戏剧性，就是不久前偶然路过某处，看到有人在为汽车剐蹭事件争吵，便站住看了一会儿热闹。而小张，恰恰就是那桩剐蹭事件的当事者。

世界就是这么小，事件就是这么巧。

小张感到非常委屈，因为他觉得自己完全是那桩剐蹭事件的受害者，只是在为自己伸张正义。他完全没想到那样小小的一件事，居然还会在后来导致这样的结局。这样的教训不可谓不深刻。

当我们没有太多钱去装扮自己外表的时候，我们可以注意陶冶内在。好的面部表情和言行举止，绝不是在某时某刻能刻意调整和伪装出来的，它需要相当长的积累和相关的人生态度做指导。

比如：你对人的基本态度是什么样的？是与人为善，还是与人为敌？对待生活，你是把责任全放在别人身上，还是放在自己身上？遇到困难后，你是先指责别人没把你照顾好，还是看看自己能做哪些事情先克服困难？

你的人生态度会随时体现在你的待人接物之中。人生态度不是一朝一夕形成的，每个人也不是天生就能拥有那些美好的品格，但我们可以通过多阅读、多实践来积极改正和完善自己。一些哲学书籍、经典小说或者是相关的心理学读物，都可以帮助人们改善这方面的问题。

除了陶冶内在外，最好你还能抽出时间去进行规律的体育锻炼。体育锻炼不但能增进健康，改善一个人的体型，还能调节人的情绪。长期坚持锻炼的人，会有一种积极向上的精神面貌。而且，健康干净的人身体上散发出的气味也是受人欢迎的。

说起体育锻炼来，很多人都会想到跑步、使用健身器材等，觉得很苦、很累，而且枯燥无味。然而，体育锻炼不止这些呢。你可以选择适合自己的那些锻炼形式，比如打羽毛球、游泳、跳舞。你可以选择做你喜欢的事，然后这些你喜欢的事会慢慢变成你擅长的事。

总之，请记住，舒展自然、亲切温和的面部表情是你最好的化妆品；而落落大方、礼貌得体的仪态举止则是你最好的名片。

● 保持开放的心态，不断进步。要做最好的自己确实不是一件容易的事情。它需要我们自始至终保持一种开放的心态，了解并接受自身存在的不足，完善这些不足，不断向着更好的方向改变。就像我们不是生下来就会说话那样，有很多事我们都不是生而知之，有很多能力我们都不是生而具备。但是，就像婴儿不必羞愧自己不会说话那样，我们也不必为我们至今还没有掌握的某些能力而羞愧。只要我们愿意保持一种开放的心态，不断学习，我们就能保持时刻都是新鲜的、适应潮流的。想一想电子产品的更新换代、网络技术的日新月异，成为"最好的自己"就像这些产品和技术一样，需要先不满足于现状，然后再定位于"满足消费者不断变化的需求"。

有些人在与人交往的时候常常会觉得没有话说，希望通过学习人际交往的技巧来改善这一困境，但真正了解这些人之后，往往会发现，问题并不出在这个人缺乏交往的技巧上，而是出在他缺乏"内容"上。

就像那个古代的笑话。一个古代的书生很惧怕做文章，每次要他做文章的时候，他就格外愁苦，咬着笔杆，皱着眉头，三天三夜也写不出一个字来。他的妻子很纳闷，终于有一天忍不住问他："你说做文章难，可我就不明白了，难道你们男人做文章比我们女人生孩子还要难吗？"这个书生叹息道："娘子，你不知道啊，你生孩子是肚子里有货，我是肚子里没货啊！"

一个大学毕业生，如果脑袋里的存货还不如一个初中生，你怎么可能指望他在和别人交谈的时候妙趣横生、言之有物，让人产生兴趣呢？所以，如果你想吸引别人，想做最好的自己，请对生活保持开放的心态，不断填充自己，不断接触新鲜的内容，或者读书，或者经历，不管怎样，都尽心尽力去精彩地生活吧！

这样认真精彩地生活，假以时日，你就会自然而然地从内向外焕发一种光彩、一种吸引人的力量，那就是我们俗称的"魅力"。

3. 适当运用技巧。成为一个有魅力的人之后，你还有重要的一件事要做，那就是在你中意的人面前，适当释放信号，让他能够发现你，把你纳入他的"狩猎范围"。这样的信号如何释放？你可以参考以下的做法：

- 让谈话继续。在我的咨询中，常常有来访者沮丧地对我说，"朱老师，我就是个话题终结者，什么样的'天'，都能让我聊'死'"，或者是"我很想和对方多说一些话，可是我就是不知道该说什么，我该怎么办啊"？

下面我们就来谈谈如何能把"天"聊好，能让谈话继续下去。

首先，你知道聊天是在聊什么吗？

"聊天"其实是人们互动的一个工具，人们通过"聊天"来试探和观察对方对自己的反应，了解对方是否喜欢自己、接纳自己。

如果在聊天中，人们感受到，对方是愿意接纳自己、对自己感兴趣的，人们就愿意尝试和对方建立进一步的关系。

聊天不是随便聊的，我们可以按照聊天的内容把聊天分为大致五个阶段。

第一个阶段：社交性质的聊天。在这个阶段，我们只是表现出基本的礼貌，和对方处于打招呼、寒暄的阶段，说的话大致是："你好""今天天气不错""新年快乐"这样的内容。

第二个阶段：试探性质的聊天。在这个阶段，我们会互相交流一些各自的兴趣和爱好，根据对方的反应，来决定下一步的进退。如果在这个阶段，双方对彼此谈的内容流露出兴趣，那么，这次聊天就有机会继续进行下去；如果大家各自反应平淡或冷漠，那么，交往可能就无法继续了。

那么，如何才能让对方知道自己对他/她有兴趣呢？

你可以在对方谈话的时候，适当地问一些"还有呢？""后来呢？""什么原因呢？"这样的话。当对方感觉到你愿意聆听的态度时，谈话是会继续进行下去的。

第三个阶段：对外界事物的态度暴露。通过第二个阶段的谈话，如果能感受到对方对自己的善意，感到安全，这时候，人们就愿意再多暴露一些，说一些自己对社会事件、对某些群体、某个人的真实看法与评价，这个时候，如果你想让对方愿意和你说得更多，你需要注意，不要向对方表达否定。

如果这时候你表达否定对方的观点："你这个想法有些狭隘了""你也太偏激了""你太天真了吧"……就会让对方感到受伤，瞬间封闭自己，要把自己保护起来，不愿意再多说什么。

只有当你真诚地愿意聆听，不带评判地关注，恰到好处地肯定对方的想法时，他/她对你的进一步开放才能到来，你俩的关系才能进一步深入。

接下来的第四个阶段和第五个阶段的谈话，分别是对个人周边事物观点的暴露和对个人内心隐私的暴露；这一部分的内容超越了"建立关系的初期"的范围，我们在这里不细做阐述。

总之，在人和人的交往中，谈话是一座建立关系的桥梁，当你遇到你中意的对象时，想方设法地去和他/她展开交谈吧。

寻找话题，就一件事表达自己的观点和看法，询问对方的观点和看法，不厌其烦地去倾听对方，引导对方开口，适时送上肯定和鼓励，会帮助对方愿意和你交流下去。

如果你实在不知道如何引导，在这里做一个小示范。

比如，如果你找到的话题是你们俩都喜欢吃煎饼果子，那么你就可以和对方互相探讨一下各自喜欢的口味。问问对方喜欢不喜欢里面放薄脆，是放一个鸡蛋好还是放两个鸡蛋都好、为什么会有这样的偏好等。

你还可以和对方聊一聊各地的煎饼果子都有什么特点，自己曾经在哪儿吃过一次最难忘的，以及什么地方的煎饼果子做得最对你的口味；然后，再问问对方相似的经历。

当然，你找到的话题也可能是读书、运动、看电影等，无论是什么，讲故事、说看法，并且请对方讲故事、说看法，都是能促进你俩关系的事。

需要提醒一下的是，如果对方是一个愿意说话、能够畅谈的人，那么，你可以适当少说一些，多倾听、表达兴趣和认可就可以了。

从现在开始，去练习吧。

- 目光的注视、声音的运用和其他身体语言。人们在相互交往的时候，除了使用言语外，还有大量的信息是通过非言语行为来传递的，"目光"就是其中很重要的一种。

当我们对某个人或某样事感兴趣的时候，如果我们暂时不好意思开口或不方便用言语和其他行为进行表达时，我们可以先通过目光的注视向对方表达我们对他的兴趣。

最初遇到一个人的时候，对他表示兴趣的方法可不是直勾勾地盯着对方的眼睛看，这样的注视，对于一个陌生人来说太具有侵犯性了；这时候适宜的做法，是在他没有将眼光投注到你这边的时候，注视他、观察他，而当他感受到这种目光，并被这种注视牵引过去视线的时候，你要适时地稍微错开一些视线。在这样互相寻觅的过程进行过两三回合的时候，你差不多就可以迎住对方的目光，同时送上一个微笑或一个致意了。如果对方没有表现出反感或拒绝，你们就有可能走入下一步的关系。

如果你感兴趣的人并非陌生人，而是相亲对象或者你的朋友和同事，你可以在对方说话的时候，友好地注视对方，全神贯注地倾听，并且适时地提问，对方会在你的注视和聆听中感到你对他的兴趣，开始考虑是否要和你发展进一步的关系。

除了目光外，你还可以运用你的声音吸引对方。想想看，一个听起来温柔、低沉、具有磁性的声音和一个高亢、尖锐、毫无掩饰的声音，哪一个更容易赢得人们的好感？而同样的内容，用不同的语气和音调说出来，也完全可能产生不一样的效果，你可以回忆一下电影《撒娇女人最好命》里，周迅对那句"讨厌"的练习场景。

在音色和音调外，说话的语速也是需要注意的方面。适当的语速能够传达出你对对方的兴趣，如果你说话总是匆匆忙忙，对方就会怀疑你是不是想早点儿结束这场谈话。

如果你对自己的声音没有信心，建议你参考一下广播电台中你喜欢的那些节目主持人的声音，然后录下自己平时说话的声音，对照着进行练习。你自然不必做到广播电台播音员那样的水准，你只要能修改掉那些明显的瑕疵，发挥出你自己的最好水准即可。

在目光和声音之外，女性在想对男性表示兴趣的时候，还可以运用其他一些非言语行为，比如抚摸秀发、轻轻用手指拂过自己的嘴唇，或者是舔舔嘴唇、摆弄手中的玻璃杯，这其实都是向对方发出信号的做法。

如何能将上面这些方法综合运用并且做好？回答还是："练习，练习，再练习!"

- 主动邀约。主动邀约大概是最明白无误地向对方表达你对他有兴趣的信号了。那么,首先,如何发出邀约呢?

我建议,与其事先把事情搞得相当隆重,让双方都感到紧张,进而慎重考虑是不是要参加这样的约会,倒不如只把这次邀约当做一次朋友间随意的散心或一个进一步展示自己和互相了解的机会。

当你觉得你准备好了,有时间做这件事的时候,就立刻发出邀请。不必一定要事先了解对方是不是有空,不要说那些模棱两可的话:"要是你愿意的话……""你下周六有没时间?""要不,我们不如……"等。

绕着圈子询问以及你的模糊表示,都不足以让对方了解到你的坚定,可能会让对方错过你的信号,所以,在发出邀约的时候,你要坚定、直接说出你的想法:"我周六要去爬长城,你一起来吗?"当你足够清晰地表示了自己的想法,而对方也愿意参加的话,下一步他自然会和你进行时间的商定。

那么,邀约对方参加一些什么样的活动比较好?当然是那些要么你擅长,很能展现你的风采,他参加也不至于尴尬的活动,或者是他很擅长,你很有机会向他表示仰慕的活动。如果是双方都感兴趣,而且都能有良好表现的活动,那最好。

你们可以参加的活动有打羽毛球、上健身课、去游乐园、骑马、滑轮滑、滑冰、游览城市、观赏博物馆、看汽车展览、逛野生动物园等,最好是那些能让你俩有交谈机会的活动。

在出门的时候不要忘记我们前面说的那些所有技巧,打扮干净整齐、适当用些香水、言谈举止有礼貌。

在你俩约会的时候,你还需要注意,不要把话题放在其他男人或女人身上，除非这个人是你俩都很仰慕的什么伟人或明星，更不要在约会的时候东张西望看其他的男人或女人。

不要在第一次约会的时候就涉及双方很隐私以及很现实的话题，比如"你过去有几个男/女朋友？"或者"我未来的妻子必须让我妈满意……"

牢牢记住，第一次约会只是给你俩彼此了解的机会，那不是一场决定你俩是不是明天就举行婚礼以及用什么样的方式渡过婚后几十年的谈判，它的整体气氛应该是愉快的，而不是剑拔弩张。

在邀约的时候你当然有可能被拒绝，那么，你该坚持多久呢？

我们中国有句古话叫做"事不过三"，当你确实了解到对方并没有一些足够重要的事让他/她无法答应你的邀约，而他/她确实又再三地对你表示了拒绝的时候，这个时候你就可以转移你爱的目标了。

这时的转移是对他人的尊重，也是对自己的尊重。

（四）爱情图谱

当你已经做到了我们以上所说的全部，依旧没能打动你想打动的那个人的时候，请不必灰心沮丧，因为"爱情和世界上许多其他的事一样，有它的原因和规律。只是这些原因和规律，有些是显而易见的，有些却是需要我们去研究探讨的"。除了我上面告诉过你的那些影响爱情产生的因素外，还有另外一些神秘的因素操纵着人们的爱恋。有时候，我们自己都意识不到这些操纵着我们动心或不动心的因素是什么。

比如有一个小伙子，当他某一次走入酒吧，看到有一个姑娘，一手拿着酒杯，一手拿着一支香烟，向后仰靠在椅子上，出神地凝望着酒吧的天花板时，他一瞬间就爱上了她。一段时间之后，他俩之间出了一些问题，他寻求心理咨询帮助的时候，惊讶地想起来，在他童年的场景中，最常出现的一幅画面，就是他患有抑郁症的母亲，坐在厨房的餐椅上，一手拿着酒杯，一手拿着一支香烟，呆望着厨房的天花板出神。

当初那邂逅的一刻，与其说这个小伙子爱上的是这位姑娘，不如说是这位姑娘激发出了他对母亲的无限爱怜之情。

所以，当你已经全心全意地进行过尝试后，如果你心仪的对象仍然对你不闻不问，请放心，这不是你的问题。你完全不必沮丧，不必去胡思乱想："为什么我已经这样尽力了，他还是看不上我？"这不是因为你不够好，而只是因为你不是他的那杯茶。

除了上面那个例子，你还可以想想《红楼梦》。《红楼梦》里面有十二金钗，她们各有各的性格、各有各的风采，在这些人里，谁是最招人爱的呢？不同的人回答是不同的。

有人喜欢薛宝钗，有人喜欢林黛玉，有人喜欢王熙凤，有人喜欢贾迎春；就是在丫头里，也有人赞赏袭人，有人叹息晴雯呢。没有一个人会受到全部读者的一致拥戴。同理，没有人可能同时当12个人，或者同时拥有12个人的特点，你只需要让欣赏你这款的人能看到你，就够了。

（五）最后的一条提示

请不要死缠烂打，尤其是在女性对男性表示好感的时候。不要相信电视剧和小说里"只要足够痴心，只要等待足够长时间"就能打动对方的桥段。

记得我们前面文章里讲过的海伦·费舍尔做过的实验吗？男女在看到自己感兴趣的异性时，大脑里亮起的部位是不同的。

男人是狩猎型生物。他们看到喜欢的东西，他们就会想要；就算自己不好意思开口要，送上门的一定会要；送上门的还是不要，那就是真的不想要。在你对某个男人告白后，他没有立即接受，那只能说明你不符合他选择伴侣的标准；他没有断然拒绝，不是因为他感情深沉，而是因为他在犹豫。他犹豫的原因，在于你这儿确实有一些他想要的东西，但是这些东西还不够。你具备的这些优点，对他的吸引，敌不过他还想要的其他东西，比如陈孝正心里的"前途"。是的，他的认识未必正确，他选择伴侣的标准也未必是真能给他带来幸福的那些东西，然而，那又怎样？如果他犹豫了，就说明你还没有满足他当时的要求。

就像有些人就喜欢喝碳酸饮料、吃奶油蛋糕、红烧肉、炸薯片，毫不在意这些东西会让人发胖；又像有些人为了健美，眉头都不皱地吞下滋味奇怪的蛋白粉，毫不在乎口味。前一种人可能觉得生活第一标准就是快乐随意，所以实在无法理解后一种人对自己的刻薄；而后一种人又会觉得第一种人放纵堕落，毫无意志力。然而，不管这两种人如何互相反对，对于他们自己来说，他们会认为自己选择的就是最正确的、最适合他们的。

你如果是"蛋白粉"人，你再痛心疾首前一种人是如何践踏他自己的身体，他都不会接受你给他的告诫；你如果是"碳酸饮料"人，你再如何劝说后一种人要适当给自己快乐，他也会对你嗤之以鼻。

当然，人都是会变化的，所以陈孝正后来后悔了，又想回来找郑微，但是这个前提是，生活本身教育了他，而且他原先想追求的那些东西已经追求到了，所以他有资格后悔了，而不是什么其他人的劝说让他回心转意了。电影《致我们终将逝去的青春》里的故事足以为戒。

当你不符合一个人选择伴侣的标准时，即使你最后经过死缠烂打"得到"了他，他也是不可能回报你的柔情和蜜意的；而且，即使他被你感动，一时委屈了自己的心意，最后也很可能会"幡然悔悟"，离你而去。

这就像习惯了喝碳酸饮料的人，开始时确实被健身理念打动，克制了自己几天之后，又情不自禁地拿起饮料瓶；也像吃惯了蛋白粉的人，真的

第十五章 | 男神到我碗里来——怎样让他爱上我

喝了几天碳酸饮料后，虽然也承认碳酸饮料确实滋味不错，但依然会毅然扔掉饮料瓶，重新拿起他的蛋白粉。重新拿起饮料瓶的人，会嘲笑自己前几天喝蛋白粉、去健身的行为是脑子"抽筋"了；而喝蛋白粉的人，会觉得自己前几天喝碳酸饮料是一种堕落或罪恶。当他们心里的标准没有改变的时候，暂时的行为变化说明不了什么。

"女追男"的死缠烂打，得不到男人发自心底对你的爱慕。

郑微是通过"死缠烂打"得以和陈孝正在一起的，然而她说过一句话，足以让人体会到她并没有幸福的感受。郑微说："阿正，从我们好了的第一天起，我心里就一直很害怕，我总是怕你忽然就不见了。你答应我，你不要突然失踪，我怕没有足够的勇气一直等你，更怕我们走着走着，就再也找不到对方。"

无论形式上他俩如何在相爱，郑微的心却始终是清楚的，陈孝正的灵魂没有和她在一起。他俩貌似形影不离，但其实相隔着千山万水，即使她不愿意承认。

让我们设想一下，如果不是郑微，而是西莉亚遇到了陈孝正，她会怎么办？

首先，我认为西莉亚不会爱上陈孝正，因为陈孝正不符合她的人生规划。西莉亚在一开始就对安德鲁医生清楚说明"我是要做事业的"，随后便把自己一生的计划和目标向安德鲁医生讲解了一遍，她后来也确实用一生实践了自己的计划。安德鲁医生愿意配合西莉亚完成她的人生规划，可是陈孝正不是那样的人，他要的是别人配合他来完成他的人生规划，所以西莉亚不会选他。

其次，我认为，假使西莉亚开口求婚后，被陈孝正拒绝了，她也不会就此一蹶不振，在痛苦中昼夜难安，最后选择像郑微那样"死缠烂打"地坚持追求对方。因为，对西莉亚来说，一个爱自己的男人只是她世界中的一部分，她不需要靠征服某个男人来证明她自己或者得到全世界。她的生活是包括这个男人但不局限于这个男人的更广阔的世界。

西莉亚如果把所有精力只放在一个男人身上，如果仅仅是因为这一部分出现问题就完全沉溺于痛苦之中，如果不惜放弃其他所有一切来追求这一部分，那她就是对自己人生的背叛。所以，如果陈孝正拒绝了西莉亚，她可能会感到遗憾，但她绝不会永久停留。

因此，如果当你向一个男人告白后，他拒绝了你，你还是决心用"死缠烂打"这一招去追求他时，我想你需要问问自己的是："我生命的意义就真的只有这些吗？"

"就在于用尽一切本事、一切力气'收服'这个人、牢牢抓紧这个人、强迫这个人来喜欢你吗？"

如果你那样去做，就意味着你没有认识到你自己的价值。你不认为，除了这个男人的认可外，还有其他东西能证明你的价值；你不认为你有独立生活的能力；你根本不相信，凭你自己的能力，你可以得到自己想要的生活，无论是情感还是金钱。于是，你像藤缠树一样死死地攀附、纠缠在一个男人身上。

你一生的生活目的，就是圈住那个男人、占有那个男人、分享那个男人能占有的社会资源。然而，即使你能做到最终"得到"他，你一辈子的生活也就那样了。你永远不会有西莉亚的自由和荣光。西莉亚的世界是无限的，而你的世界，就只有那一角。

第十六章
什么叫做"负责任"

从我这儿得到鼓励后，琳琳带着追求幸福的勇气，高高兴兴地去继续她的爱情实践了。然而，不到一个月，她又垂头丧气地来找我。

她对我说："朱老师，我好像又做错了。"

"哦，发生什么事了？"我问。

琳琳说道："嗯，刚开始的时候，好像还没什么问题，我照您说的，尝试着先给他发了一个小短信，说了一两句他感兴趣的我们公司一个项目的发展，然后他回应挺热情的，接下来的几天，每天都会给我打一两个电话。"

"因为是朋友介绍的，还是相亲认识的，大家对将来的发展都心知肚明，彼此也没有太矜持，所以谈了几次后，我就邀请他到我家了。"

"他很懂礼数的，第一次上门就买了不少礼物，我父母觉得他人挺不错，大家都挺高兴的。我朋友也很得意，一再说，她帮我介绍的这位男士很靠谱的，一直就是个踏实负责的人，让我这次大可放心。"

"我也感觉他确实和杨平不一样，为人和我朋友说得挺像的。而且上次我也说了，他是我一直想要的那种人，是我的男神，于是我留心了他的生日，想对他表示一下。他生日正好就在前几天。那天我精心为他准备了一份礼物，他收到礼物后很开心，我就装作随意的样子和他谈起结婚的事……"

琳琳说到这儿，很不好意思地抬头看着我道："朱老师，您也知道的，因为和杨平纠缠了太多年，现在我都快 30 了，一般咱们不都说三十而立吗？尤其是女性，一过了 30 岁，好像生活就完全不一样了似的，我想着，既然他那么诚恳，现在看起来我们彼此也都挺满意的，那不如就早点儿把事情定下来吧，这样双方也都能安心啊！"

"我却没想到，他一面感谢我，一面却对我说，他感觉进展太快了，他很有压力。"

琳琳皱起眉头来，问道："朱老师，他这话是什么意思？难道他实际上和杨平是一样的人？并不真正欣赏我、认可我？或者是我朋友和我一样，也看走眼了？毕竟他们也不可能有我俩这样的深入接触，我朋友只是看到了他的表面？"

听完琳琳说的这些话，我问了她一个问题："琳琳，根据我从你这儿了解到的情况，好像你和你的男神认识还不到 3 个月吧？"琳琳点头。

"和一个认识还不到 3 个月的人，你就准备要结婚了吗？"我又问，"似乎是有点儿仓促哦。"琳琳若有所思，但是又说："可是，既然双方都是真诚的，那么早些确定关系，不是对大家都好吗？省时省力，不用再在这方面花费心思了。"

"如果是这样的话，那你觉得，两个人又何必要谈恋爱呢？"我问琳琳，"直接去领结婚证，不是更省时省力吗？""也是哦。"琳琳若有思索道，"听起来挺矛盾的。"她又接着说，"当初和杨平开始相处，我也是感觉挺好的，但后来却成了那样！这样看起来的话，我又犯老毛病了，又要在还不够了解一个人的时候，就匆匆下决定了。"琳琳不好意思地笑了，"那您能给我讲讲，到底什么样才是负责任的表现吗？"

第十六章 什么叫做"负责任"

一

这个世界上，无论男女，我相信大家都对自己、对他人有着美好的期望，希望自己是个负责任的人，也希望对方能对自己负起责任。然而，在什么才是"负责任"这个问题上，有些朋友会有些误区，会将负责任的内涵搞错。她们会认为，"负责任"就是开始一段关系后，不管发生了什么，都要把这段关系坚持一辈子。

我见过一位女性朋友，在结婚前就流产过 5 次，婚后生活里，丈夫的收入都存在公婆那里，她花钱买两个拖把都会被丈夫指着鼻子骂。还有一位女性朋友，丈夫在婚姻中什么都不管，甚至在她生下孩子后，丈夫仍然彻夜不归，她只好自己带着孩子回到异地的娘家寻求帮助。第三位女性朋友的生活故事大同小异，她丈夫不但不给她钱，还把她的钱要去乱花，在外面搞不正当关系，回来后对她连踢带打。

在我去了解这些女主角的婚恋基础的时候，她们都会反映，自己的丈夫在恋爱期间就表现不佳，既不体贴温柔，也不共同承担生活责任，有的还要求分手；但这些女性朋友无论如何都坚持不分手，最后终于走入婚姻。她们说："开始了一段关系，就要走到底。虽然他对我不好，但我不能像他一样不负责"。

啊？！"负责任"难道是这个意思吗？指的是一段关系一旦开始，就必须坚持到底？即使在这个关系已经腐朽不堪、双方都倍感痛苦的时候仍然维持它？如果这就叫"负责任"的话，那在这样"负责任"的方式中，关系的双方能有什么样的结果？

世间一切都是在变化的，所以，曾经说的话、答应的事，也需要顺着情况的变化而变化。

《孟子》中有一段精彩对话，说的就是这样的道理。

在这段对话里，淳于髡问孟子："男女授受不亲，是不是该遵守的礼制？"

孟子说："是的"。

淳于髡又问："那如果我的嫂嫂掉进水里，快淹死了，我看见了，我救还是不救？我是个男子，如果去救，不就违反男女授受不亲的礼制了吗？"

孟子说："看见自己的嫂子要淹死了都不去救，那是豺狼野兽。男女授受不亲，那是要遵守的礼制；嫂子快淹死的时候去救她，这是根据实际情况对礼制的变通。"

也就是说，儒家之所以提倡礼制，是希望能通过"礼制"来体现其根本精神"仁"；而不是拘泥于具体的规则，背离仁者爱人的轨道。

那么，人们建立婚恋关系的目的是为了什么？就是为了在一起消耗时间，等着终老一生吗？

我不认为在一段感情已经死亡、彼此同床异梦的关系中固执坚守，是对自己、对他人负责任的表现。我认为，人们建立婚恋关系的目的，是要互相充实对方的生活，也滋养自己的生命。

婚恋中双方是不是在"负责任"，要看双方说的话、办的事，是不是"利人利己"。

二

为了达到"利人利己"的目标，首先，在开始婚恋关系的时候，关系中的二人就需要认真了解、观察对方，了解对方到底是什么样的人，了解你们俩是否适合在一起。

第十六章 | 什么叫做"负责任"

对于琳琳目前这种急切地想建立稳定关系的心态，我能够理解。经过前一段充满纠结、挫折感的情感历程后，现在出现了一位看似符合她心理预期的理想伴侣，她难免会有急切投入的心情。然而需要提醒的是，越是在这时候，越要放慢节奏。虽然说"好的开始，是成功的一半"，但是，也只是一半而已。一个好的开始，并不意味着完全成功的未来。

这就像体育比赛项目，不管是跑步、游泳，还是足球、篮球，一开始表现出色的选手或队伍，未必就会是最后的胜利者。能不能胜利，要看这位选手、这支队伍在整个赛程中的持续表现。赛程中会出现各种各样的事情，这些事正是对这些选手的考验。比如，他们能不能在比分落后的情况下，心情稳定地继续比赛，甚至实现逆转？比如，即使逆转没有出现，他们能否心平气和地接受结果，而不是又吵又闹，甚至攻击对手或裁判？

遇到一个人，感到彼此合适，这只是一个好的开始，但是，我们和这个人到底发展成什么样的关系，走向什么样的未来，是需要像比赛一样，经历整个赛程的。看到一个合适的人，就想立刻确定关系，直接走向婚姻，这就是一种忽略赛程的行为啊，这样的关系要想有好的结局，那得需要多好的运气？

那么，要怎样做才能真正了解对方呢？

我们要了解一个人，不仅要听对方的言语，还要看对方的行为。不仅要看对方在特定环境下一次的行为，还要看对方在日常生活中不经意的行为。这需要时间，也需要双方共同经历一些事件。

很多专家都建议，准备结婚的男女最好能在领结婚证前去做一次长途旅行。我同意这样的建议，因为一次长途旅行确实可以让人们看到很多东西。

在长途旅行中，你可以看看对方在旅行前是怎样做准备工作的：他是把一切都丢给你来做，自己只负责当完全不操心的随行人员呢？还是事无巨细地独自制定详尽的攻略，承担几乎所有任务？抑或会和你有商量、有分工协作，务求两人都能满意快乐？

你还可以在长途旅行中，看看对方的待人接物到底是怎样的，看看他对待服务员的态度如何，看看他对待你和对待行李哪个更上心。你可以看看他丢了钱包会不会懊恼，没预定上房间会不会着急，车子半路抛锚时，他是坦然面对还是沮丧困扰。你可以看看他见到有人求助时是袖手旁观还是会审慎地辨明情况后再决定如何合理援助。

你还可以看一看他的生活习惯，看看他平时就是个再忙也要收拾打扮利落的人，还是个只是在见你之前才精心装点，自己平时晚上常常连脚也不洗、牙也不刷就上床的人。还有，他几点睡觉？他是不到深夜两点就无法睡觉呢，还是到了晚上九点半就会准备入睡呢。

你最好期待着旅行中会出现各种平常生活中不会集中出现的意外情况，这样才好观察到对方第一时间的反应是不是符合你的价值观。你只有经过了这些接触与了解，才有可能确定这个人是不是适合和你一起生活，是不是你能接受的类型。

对方的各种习惯也许真的会和你大相径庭，实际上，他们确实也不需要和你完全一样，但是关键在于，你能不能愉悦地接纳他这些特点？而不是勉为其难地忍耐？如果你能愉悦地接纳他这一切，那你们当然可以继续，但是，如果你对他表现出来的一切都心有不满，只是强迫自己忍耐，你确定你能忍耐几十年吗？

"长途旅行"只是考查彼此的方法之一，事实上，如果时间足够多，你们不妨在平时就根据这几方面来好好了解对方。你可以和他多聊聊天，了解他的兴趣爱好；你可以和他参加各种活动，观察他的待人接物；你可

第十六章 什么叫做"负责任"

以特意和他谈谈对你非常重要的一些事件，倾听一下他对这些事件的观点和态度。等这一切过后，你便可以考虑是不是与他再继续交往下去了。

当然，以上这些事，可以在恋爱期间做，也可以在我们想和一个人发展关系之前就不动声色地去做。

三

除了一开始的用心了解之外，"负责任"还包括，在建立关系后，要全身心地投入，认真对待、经营这份关系，仔细体会，在关系中发现自己和对方的需要，考虑这是不是一段适合双方的、能持续一生的关系。在这个过程中，如果遇到问题，就面对问题；如果发现自己出错了，那就及时改正。

我曾经看到过一个故事，讲的是一位姑娘，每次一看到喜欢的男人，就在第一时间全情投入，又是照顾对方生活，又是帮助对方工作，不计任何回报，恨不能付出一切。无疑她是希望靠这些得到对方的爱，但是奇怪的是，和这个姑娘相处的男人，都会在一段时间后喜欢上别的女孩，然后尽心尽力地对其他女孩好，把金钱、时间都奉献给别的女孩，同时，并不觉得对这位献出一切的姑娘有所愧疚。

同样的事情发生一次、两次，姑娘还可以接受；同样的事情发生三次、四次、五次、六次后，姑娘受不了了，她怨恨世上一切男人，开始报复男人。她染上了一种传染性疾病，她带着病肆无忌惮地和男人交往，把疾病传播给他们。在疾病的传播中，她感到了报复的快感，但是有时也会感到内疚。

当故事结束的时候，姑娘的身体健康状况已经被人们知道了，那些男人都很恨她，姑娘也很痛苦。因为，她原本需要的只是男人的爱，她也不知道，事情怎么就会发展到这一步。她似乎复了仇，但她也永远得不到她想要的爱了。

有一些朋友，在得知了这个故事后，觉得姑娘很可怜，认为她只是爱得太用力，因为用力过猛导致了最后不幸的结局。但是在我看起来，这个故事里的姑娘，有无数次停下来使故事从悲哀走向幸福的机会。

在这个故事里，我看到了姑娘对爱的渴望，然而我没有看到姑娘对一段感情"负责任"的做法。比如说，当姑娘第一次因为用力过猛受伤后，她有没有停下来，看看自己是不是做错了什么？有没有试着去找一找"为什么我爱得这样用力，最后的结局却这样糟糕"的原因？生活的现实已经让她一次又一次碰得头破血流，这证明她之前的行为方式带不来幸福，但她却看不到、听不到，始终固执己见，坚决不改变她"爱"人的方法。这是不是一种对自己、对别人负责任的爱情态度？

我还记得读过另一个故事，说是有一个笃信上帝的人，在遇到水灾的时候站在屋顶上等待上帝来救他。等待的过程中，邻居划来一艘小木船请他上船，他拒绝了，说要等上帝来施救；镇上开来摩托艇，他拒绝了，依旧要等上帝现身；国家派来直升机救他，他还是拒绝了，坚持要等上帝的恩典。最后他站立不住，腿脚发软，溺水而亡。进入天堂后他向上帝抱怨："我的主，我那样虔诚、那样信任你，你却让我如此死去，没有向我伸出援手。"上帝感慨道："我的孩子，我第一次派去一条小木船，第二次派去一条摩托艇，第三次派去了直升机，我一共给了你三次机会，你都拒绝了，你还想让我怎样呢？"

这世界上有多少朋友，就像故事里这个落水而亡的人，错过了一切通往幸福的可能路径。

当他们被堵在通往幸福的道路上，撞得头破血流的时候，他们并不考

第十六章 │ 什么叫做"负责任"

虑是不是该绕个路，或者找架梯子，甚至开来一辆推土机把墙推倒，而是继续坚持一次一次舍身往墙上撞，希望能等到符合他意愿的"神迹"出现。

这样和别人相处，会幸福吗？

四

"负责任"还包括，尽管你倾注全力精心维护、经营一段关系，但你们彼此之间仍有无论经过怎样的努力也不能解决的矛盾，当这段关系不可避免走向衰败的时候，你需要接受这个结局，接受你俩彼此可能不合适的现实。

有的人在结束关系这件事上总是犹豫不决，会想："我不能先说分手，因为那样会让对方伤心，那样我也太不负责任了！"

哦，是吗？

说分手，会让对方伤心，意味着是你不负责任；那么，不说分手，和对方貌合神离在一起，就是不伤对方的心，就是在负责任吗？你有没有想过对方有朝一日得知你原来一直在做这样"重大牺牲"时会有怎样的反应？

有的人会拿时间的长短做借口，张嘴就说"我们在一起多少多少年了"。可是，你有没有听说过什么叫"白发如新，倾盖如故"？不合适的人，即使在一起一辈子，你俩彼此也是陌生的；合适的人，即使只是擦肩而过，只要给你们一个停车交谈的机会，也会觉得像久别重逢。

在一起5年、10年、15年，看起来时间似乎是很长了，但是对于长长的一生来说呢？

现在中国城市人口的平均寿命已经超过70岁。你如果从20岁开始踏入一段错误的感情，即使经过 15 年也不过 35 岁，不出意外的话，你后面至少还有 35 年的大把时光。

为了已经痛苦的 15 年，你计划再痛苦 35 年？

这种做法和明知吃了有毒的东西，不赶快去医院洗胃、服药，进行处理，而是坚持继续吃下去，一边喊着"我不想死"，一边坚决要把毒物吃完的荒谬行为有什么区别呢？

还有的人分不了手，是因为她们自我价值感不足。她们嘴上虽然说着要负责任，但内心深处害怕的是"我离开他，遇到的下一个人会不会比他还差"？

也有些女孩子摆脱不了这样的关系，可能是因为她们想当"圣母"，从对方的"卑劣"中体会自己的"慈悲高尚"，或者怀着一种牺牲自己解救对方的"伟大"情怀。她们在外人看起来是在受虐，但是在她们自己感觉起来，这种"受虐"的关系虽然让她们痛苦，却也能给她们一种安全感，或者能满足她们在童年时代未能实现的一些潜意识里的愿望。

无论是出于以上哪种考虑，我都会认为那不是爱。这些考虑和行为的出发点，都不是为了关系双方的幸福与成长。总之，我认为，所谓"负责任"，它指的并非是胡乱开始一段关系，然后毫无原则坚持到底，而是一种整体上的人生态度，意味着事情开始前的仔细斟酌，也意味着事情开始后的实事求是。

那么，相对应而言，在关系一开始的时候，如果你放弃了自己甄别的权利，在还不充分了解对方的基础上就匆忙地投入一段关系，那么这是你自己对这段关系一开始就没有负到责任。在关系建立后，如果你以为这就一生不变了，然后疏忽了对关系的维持，任由它自己在那边"长虫子"，那么这仍是对这段关系不负责任。

当关系经过努力仍然无法维持后，如果你没有勇气离开，而是准备"将错就错"、敷衍潦草地将一生过下去，那么这才是对这段关系的未来不负责任。要知道，我们在错误的路上走得再远，也不能将错误变成正确。

只有面对自己犯下的错误，思索自己是如何出错的，以便日后不再犯类似的错，将错误当做成长的机会，这才是对自己和对他人的负责。

五

对于琳琳想和对方匆匆忙忙敲定关系的想法，我感到这其中可能会反映出琳琳自我价值感不足的心理特点。

我问琳琳："假如你现在有五十万的话，你会不会把这些钱毫不犹豫地送给一个你只认识了两个月的人？"

琳琳很聪明，立刻回答道："对其他人当然不会，但对男朋友那是不一样的。"

"可是，琳琳，"我提醒她，"我这个问题有前提啊，前提是你和他只认识了两个月。"

"如果说其他的人，才认识了两个月，尚不足以交付信任，那么，作为想与之建立一生关系的可能对象，两个月就足以让你交付信任了吗？"

"在这两个月里，他做了什么伟大的事，让你认为他已经足够值得信任，值得交付一生？"

"遇到一个陌生人后，要不要和他做普通朋友，我们都会进行一段时间的相处才决定；决定是不是和一个人建立男女朋友的关系，需不需要更加慎重呢？"

在"把他当男朋友了，所以信任他"和"因为确信值得信任了，所以开始考虑他做男朋友的可能性"这两个顺序中间，哪个顺序才是正常的呢？

看着正在思索的琳琳，我又问了一个问题，"琳琳，你认为自己的感情、自己的婚姻值多少钱？"

琳琳想了想，回答说："这个，无法以金钱来衡量。"

我同意琳琳的想法，那么我想问的是，如果在我们心里，我们的感情、婚姻是无价之宝，那么，我们是不是还准备匆匆忙忙和一个认识不久的人谈恋爱？甚至谈婚论嫁？就像把五十万元钱送给一个只认识两个月的人不妥当那样，将远比五十万珍贵得多的感情或婚姻匆匆忙忙地交给一个认识不久的人更不妥当。

当我们匆匆忙忙想缔结一份关系的时候，是不是意味着，在我们自己心里不承认自己的价值？也并不真正认为我们的感情和婚姻是无价之宝？我们唯恐经过长期相处、被别人了解之后受到嫌弃，所以一觉得对方符合自己的需求，就赶紧想和对方确定关系了？

如果不是这样的话，如果你对自己足够有信心，相信自己足够值得爱，相信即使对方一时犹豫退缩，但终究还是会在"众里寻他千百度"后确信你是最适合他的，会来坚定地选择你，你又会做怎样的选择？难道匆匆忙忙建立关系后，就能保证你俩永不分离？

琳琳再次不好意思地笑了："您说得对，这次是我太着急了。其实就算匆匆确定关系又能怎样？我和杨平还不是分了？"

"如果这次再匆匆忙忙结婚，以后要再发现什么大问题，不得不离婚，那才是害人害己呢！要照这样看起来，这次朋友给我介绍的这位男士还真是个靠谱的人，他比我成熟。他是要严肃认真对待我俩的关系的，所以，他是想了解得更深入一些。我很感谢他这种态度。我们俩之间，也确实还需要互相了解……"琳琳说到这儿，看看我，脸上又浮现出一些为难的神色,"可是,我还是有些担心,因为互相了解是需要时间的,您说他这么好,会不会没等我们彼此了解清楚,他就被别人抢跑了呢?"

六

琳琳告诉我,她发现现在这位男友身边有一些女同事,明明可以自己完成的一些工作,却撒娇卖嗲让他帮忙,这让琳琳很有危机感。她很担心,如果不及时结婚的话,就会有丢掉目前这么中意的这个人的危险。

琳琳说:"我担心这些'心机女'会破坏我的爱情!"

"心机女?"我问琳琳,"这个定义是怎么下的?你吃过她们的亏?"

琳琳想了一会儿,告诉我一件童年往事。琳琳虽然从小是个学习好的乖孩子,但是为人比较木讷耿直,不会讨家里长辈欢心。她有位表姐,性格恰恰和她相反,嘴巴甜、心眼多、八面玲珑。有一次,琳琳和表姐发生了一些小摩擦,她认为自己并没有错,但是,这位表姐将这件事搬弄到长辈们面前去了,导致琳琳挨了打。

从那之后,琳琳就特别警惕那些看上去乖巧可爱、温柔大方、撒娇卖萌的女孩子。她总觉得,她们就和披着画皮的鬼一样,貌似温良无害、招人喜欢,但实际上"吃人不吐骨头",不知道什么时候就会脱下外面那层画皮,露出狰狞的面目来害人,还让受害者有口难言!

听琳琳讲完这件事,我大致明白了她为什么对现在男友身边的那些女同事那样敏感。

因为,这些女同事擅长的事——"撒娇卖萌",不但恰恰是她不擅长的行为方式,而且以前还让她在这上面吃过亏、受过委屈。因为童年的经历,琳琳会认为,现在和这些女性"交起手"来,她还是会"打不过",会受到伤害。

我问琳琳:"那后来呢,你之后这么些年,还有没有再遇到过类似你表姐的人?"

琳琳想了想,回答道:"这个有点儿不好说。"她告诉我,她上大学的时候,班上有位女同学,长得很甜美,温柔大方,说话办事和她表姐很像,班上当时也有好几个人说那位同学是"心机女"。

琳琳也对那位同学充满了警戒,可是,几年相处下来,这位同学并没有"害"过任何人。不但如此,她对琳琳还很友好热情,很愿意在一些学生工作上帮助琳琳,还请琳琳去家里吃过饭。从根本上打消琳琳对这位同学防范的一件事,是在毕业的时候,学校安排这位同学留校任教,她竟然没有接受,而是去了一家中专当老师。

琳琳说:"在我心里,心机女是野心勃勃的。她们表面温和,却要在暗中搬开一切阻碍自己上升的石头,为此不惜损人利己。但我这位同学就没这么做,所以我觉得她应该不算是心机女,虽然有几个别的同学一直这样说她。"

而在这位同学之后,琳琳遇到的一些人,有什么不好的心思,琳琳都能及时发现,也没有再被伤害过,所以在琳琳心里,这些人也够不到心机女的水平,因此琳琳不清楚,她是不是还遭遇过心机女。

我问琳琳:"那照这样看起来,你对心机女的定义是:外表温柔无害,其实内心毒辣、诡计多端,为了自己的利益不惜陷害他人的女性,对吧?"

琳琳有些不好意思地笑着点头。

"那你怎么看《甄嬛传》里的甄嬛、《美人心计》里的窦太后,以及网上言情小说里那些或者是穿越到古代、或者被害后重生,一步步改变命运、争取幸福的女主?"我问。

琳琳愣了一下,开始思索。

过了一会儿，她说："也是哦，她们一个个都挺足智多谋的，都能看穿对方的阴谋诡计，有时候对待敌人也都挺心狠手辣的。但她们不那样的话，她们自己就要被害死了。"

"那她们是不是心机女？"我问。

"从一定角度来看，她们还真都是呢。"琳琳点头。

"那你怎么看待这个问题？"我问。

琳琳沉思片刻后，她开口道："我明白了，'心机'这东西，像金钱，也像匕首，它的本身没有好坏，只是看掌握了它的人将它用在什么地方。用在伤害别人来谋取自身利益的地方，那它们就是凶器；可用在保护自己、打败敌人的地方上，那就是武器。"

"这样看起来，心机女也没什么可怕的，只要我自己比她们有本事，做得比她们能占住理儿，那她们就不能把我怎么样。要是我自己对人敏感刻薄，凡事自私自利，对人态度粗鲁，那么，也不用她们做什么，我就先甘拜下风了。"

我为琳琳鼓掌："与其把时间花在恐惧上，不如把时间花在建设上。自感沮丧，或者对他人的嘲笑、攻击，并不能让我们自己进步；虚伪、狡诈、小谋小算，也永远抵不过真诚、善良、大智慧"。

七

我又问琳琳："你现在的男朋友对这些女同事是什么态度？是积极帮助，还是适当回应，抑或不理不睬？"

琳琳说："我感觉他处理得还是挺恰当的，该帮的帮，不该帮的也就回绝了。"

"好，我也觉得他处理得挺好的。"我点头，然后又问，"那么，如果他能被别人抢跑，那又说明什么呢?"

琳琳回答："那说明，在他心里，我不如别人。"

"嗯，那么，你是想和一位并不愿意等待你，心里认为你不如其他女性的男人缔结婚姻呢，还是想等待一位愿意和你进行互相了解，而且经过了解后依旧坚定地选择你的男士发展关系呢?"我问琳琳。

"当然是后者了!"琳琳不假思索地回答。

"是的，"我点点头，"我也认为，你值得这样一位男士，你值得这样一份感情。"

我又问琳琳："那他现在对你态度怎么样？在他说自己有压力后，对你有没有什么变化?"

琳琳想了想，微笑说："那倒没有，他对我还是像以前一样，但是我怕以后会有变化，好好的关系会被我搞糟了，所以才赶紧来找您。"

放下对"心机女"的担心后，琳琳又问了我一个问题："朱老师，您说我这样患得患失，会不会跟我对我男朋友的喜欢超过了我男朋友对我的喜欢有关系？我听有人说过，'与其和自己喜欢的结婚，不如和喜欢自己的结婚'，您怎么看这件事?"

对琳琳这个问题，我有以下两方面的想法：

一方面，我认为，关系里没有绝对的平衡，男女双方，谁比谁喜欢对方多一点儿，并非是影响婚恋关系发展的重点。重点在于，关系双方是否都能全力以赴地、放开心胸地投入到关系中去。好的婚姻是感情发展到一定程度后，两个人发自内心想要结合在一起的自然而然的结果。它是两个人为了共同的目标，心甘情愿走到一起，互相帮助、互相扶持的契约产物。它是一种喜悦、一种生命的赐福。在这样的喜悦中，谁喜欢谁多一点儿重要吗？

第十六章 | 什么叫做"负责任"

另一方面，我认为，认真推敲起来的话，有关"与其和自己喜欢的结婚，不如和喜欢自己的结婚"这句话是个伪命题。因为，不管你怎样选择，你选的一定是"自己喜欢的"，只是，你喜欢的未必是"人"。这话怎么理解？

外国有个叫埃兹拉·庞德（Ezra Pound）的诗人写过这样一句诗："你最爱的才能长存，其余都是糟粕。"

你可以想想看，从小到大你整理你的杂物的时候，取舍的标准是什么？总有一些东西，能经历一次次你"严苛"的挑选，被保留下来。虽时代久远、历经几次类似搬家的"劫难"，仍依旧陪伴在你身边；而这些东西被保留下来的原因，和它被购入时的价格无关。

比如我自己有一本古诗集，是我幼年还没上小学的时候，我母亲买来为我启蒙用的，现在虽然它的封面已经污迹斑斑，还有水渍干了的痕迹，里面也有破损的部分，但是30年了，即使我辗转国内各地，我父母的家都搬过几次了，它至今依旧在我的书柜里。

你的家里，也有这样的东西吧——即使父母或朋友可能会对此加以善意的嘲笑，你也会顽固地把它保留下来或是保留了很长一段时间的东西吧。

你保留它的原因是什么？是因为它上面凝聚了你太多的情感。

婚恋也是这样的，不管你最后作出选择的依据是什么，必定是你喜欢的那个因素，只是，未必是人本身，更可能是这个人给你带来的感觉或其他什么东西。打个比方吧，如果有个人狂热追求你，而你认为自己不喜欢对方，但最后还是选择了和对方在一起，这能说明什么问题？你的选择并没有受人勉强或逼迫啊？这说明，你之所以下这个决定，还是因为对方在某些方面满足了你，或者他满足的是你"被追求的感觉"，或者是那种

"可以操控这段感情走向的踏实感",当然也不排除这个追求者身上具备的某些条件。

换个方向说,如果对方对你不咸不淡,但你却忍不住要执着追求对方,那么你的行为又是因为什么?你可能是看见这个人的容貌就头脑发晕,也可能是为他的才华倾倒,或者你期待着他有朝一日对你温柔体贴,或者你只是喜欢那种追求和征服他人的感觉。

对他人有需要是所有普通人的局限性,这也是正常的;你对对方有需要,对方对你也有需要,所以人们之间会建立关系。而只要关系能建立起来,就说明关系双方已经各自有意识或无意识地衡量了全部的影响因素,并且认为,自己选择的这个人,是目前最能使自己内外环境平衡、最能满足自己的。

因此,我认为,在一段双方都下定决心愿意共同维护经营的关系里,不存在谁喜欢谁更多一些的问题,只存在如何能将这段关系建设和维护好的问题。

听完我的看法后,琳琳深吸了一口气,说道:"今天和您的谈话,让我对自己的认识又深了一层。我发现了自己的不自信,发现了自己唯恐被抛弃的恐惧。接下来,我要注意我自己的这些心理,把注意力放在关系建设上,而不是危险防范上去。"

我向琳琳送上了我的祝福。

第十七章

婚恋心态

琳琳离开后,我心里很为她高兴,她虽然经历过一段失败的感情,但是她没有纠缠在失败中不肯向前走,这是一种力量的体现。经过对上一段失败情感经历的探索,她认识到了自己在亲密关系中寻求的是什么、自己又容易犯哪些错误。琳琳对这些问题的解决,意味着她自我的成长,也意味着在她下一段的关系中,同样的问题有可能被避免。

在我接触的其他情感案例中,会显现一些共性的、容易导致婚恋失败的婚恋心理,我把这些心理总结出来,供大家借鉴。

下面这封读者的公开来信可以做一个引子,看一看容易带来失败结局的婚恋心态是什么样子。

这封信里这样写道:

"老师,您好,我家在三线小城市,今年我25岁了,家里催我结婚,我现在面前有以下这几个人,我不知道该怎样选择。

男A:事业单位工作人员,性格踏实,工作稳定,收入和我相仿,家里已经买好了房子,但是我觉得他长相一般,而且说起话来没什么意思,很平淡。

男B:我同事,合同制聘用人员,正准备考公务员,长得帅,说话很有意思,但是家里很穷,没有父亲。

男 C：部队转业回来的，家境富裕，人也长得帅，对我很关心温柔，但他学历只有初中，有时候会觉得没话说。

我自己是公务员，长相还可以，性格也算开朗吧，我们家是个普通家庭，不算穷也不算富。我本身不是很急，可是想到我所在的是个小城市，过了年纪可能就找不到合适的了，再加上爸妈一直催我，所以我也有些乱阵脚了。

上次看一个电视上的征婚节目，有一个女嘉宾的妈妈说，她希望女儿将来的结婚对象需要经济上有保障，情感上要温柔包容、忠贞不渝，生活照顾上要无微不至才行；说实话，有时候我也有这样的想法，真的是想找个人依靠呢，但要按这个标准找的话，好像真的很难找啊，我该怎么办呢？"

说老实话，身为一名女性，我有的时候也会有和这位姑娘一样的期望。这世界上，如果要是能有这么一个人来做我的伴侣，那该多好啊！他又多金又温柔，又体贴又忠贞，又英俊还身材好，就像《来自星星的你》里的都教授，不但能给姑娘们面子，又能给姑娘们里子。假如能和他生活在一起，不但物质生活上满意，情感生活也能满足，诸事都能顺心随意呢！

但是，我随即就会想到，这世界上到底是不是真有都教授这样的人呢？或许真的有。然后，我再想到的就是，即使世上确实存在"都教授"，他选择我作为他终身伴侣的原因是什么呢？是因为我聪慧、善良、知识渊博？还是因为我和他志同道合，能理解他、关爱他？

我是因为什么才能从世界上千千万万的女子中吸引住他的眼、他的心，让他心甘情愿和我在一起？

这个问题，我也想问问写这封信的姑娘：你有什么特别与众不同、特别能打动人的地方？这些地方能使你认为，你可以得到一位经济富裕、情感温柔忠贞、生活体贴照顾的男士的青睐？或者换句话说，你要是这样的男士，你选不选自己做老婆？上天是因为什么原因而这样格外垂青我们，让我们和这样一个星光熠熠的神一般的男子相遇并生活在一起的？

如果你说，你不知道原因，只是因为你相信世界上还有一种人名字叫做"灰姑娘"，而这种人的天然属性就是"即使一无所有，也能得到王子的垂青"的话，那么我们就先来一起看看这些童话的真面目吧。

一

（一）灰姑娘

在很多人的意识里，觉得《灰姑娘》是这样一个童话：一名失去了母亲的一无所有的平民女子，每天只能像仆人一样做家务，受到后母的欺辱，却毫无反抗能力，直到遇到了她的王子，王子拯救了她，从此她的命运便发生了转变。

可是，请注意，这不是故事的真相。

故事的真相有两方面：

一方面是《灰姑娘》里的辛德瑞拉，本身并不是仆人，她至少是个富商的女儿，只是因为父亲娶了后母，而受到了后母的虐待。这意味着，从社会阶级上看，灰姑娘和后来她在舞会上遇到的王子，相差并不遥远。事实上，她家也确实收到了被邀参加王子舞会的请柬。这也从侧面证明了灰姑娘的出身与王子是匹配的。

另一方面是将灰姑娘从困苦环境中拯救出来的人，并不是王子，而是她自己。证据如下：

- 继母为难辛德瑞拉，把豆子倒入灰堆，说只有把豆子都挑出来，才允许她去参加舞会，辛德瑞拉请来了小鸟们帮忙。在这个过程中，王子并没有出现。
- 辛德瑞拉前两次跳完舞回家，都会匆匆改换成灰姑娘的装扮。在这个过程中，王子并没有认出她。
- 最重要的是，辛德瑞拉很知道如何去打动王子。

童话里描了辛德瑞拉在王子面前的三次出场，每一次她都穿着华丽的礼服，一次比一次华美，一次比一次绚烂，以至于她第三次出场的时候，虽然大家已经见过她两次了，却还是依旧"被她那无法用语言表达的美惊呆了"，她的继母和姐姐们，都没认出她来。而这个过程，也全是辛德瑞拉自己做到的，并没有得到王子的指点。

好的，现在你看到这个童话的实质了吗？王子在一开始和辛德瑞拉交往，从第一眼看到辛德瑞拉起，就从来不认为自己是要去拯救一个一穷二白、受到后母压迫剥削的下层阶级的可怜姑娘；他只是在和一个宴会上最出色的姑娘来往！

这不是一个王子拯救了平民姑娘的故事，这只是一个王子追求公主的故事。王子从来就不是无意间走到谁家的厨房里，看到那里有个灰头土脸、衣衫褴褛的女仆，立刻就发自内心地爱上了她的。

你现在还认为自己是个"灰姑娘"吗？如果你是的话，请问：

你的出身是否足够和你期望的"王子"平等？

你是不是足够善良，并懂得处理人际关系？并在需要帮助时能得到周围尽可能多的朋友的支持？

你是不是足够了解人的心理？想没想到需要拥有那三身美轮美奂的裙子来衬托你的美丽，以吸引王子的注意？

如果做不到"灰姑娘"做到的这些，那么，你凭什么觉得你可以得到"灰姑娘"得到的一切？

（二）白马王子

"白马王子"的出处是童话《睡美人》。《睡美人》说的是有一位公主中了女巫的诅咒，和整个王国一起昏睡了一百年，直到有一天，有个骑着白马的王子无意中闯到这个城堡，发现了这个美丽的、沉睡着的公主，情不自禁地吻了她一下，让公主苏醒过来，然后公主和王子结婚了，从此幸福地生活在一起。

注意到了吗？王子吻的，也是位公主，而不是随便一位倒在门边的女仆，他吻的不但是公主，而且还是位美丽的公主，这位公主的陪嫁是整个王国。

而公主和她的父母感激白马王子，也只是因为他让她以及整个王国从睡梦中苏醒过来，并不是因为他给他们带来了金银珠宝，把他们的生活水平极大地提高了！

亲爱的姑娘，看清楚了这些童话之后，你还等着"白马王子"来拯救你吗？白马王子要拯救的是公主，他不在路边随便拯救什么人。

无论是《灰姑娘》还是《睡美人》，童话里都写得明明白白，王子只会爱上公主！认为王子会拯救一无所有的平民小女孩的幻想，只是出于对童话的误解啊。

（三）麻雀变凤凰

奥黛丽·赫本主演的《窈窕淑女》和茱莉亚·罗伯茨主演的《麻雀变凤凰》，讲的都是生活落魄的年轻女子被上层阶级男子爱上从而命运改变的事。

《窈窕淑女》讲的是：一名生活在贫民窟里的普通女子，被一位绅士选来做实验，最后这个实验品爱上了她的恩主，而她的恩主也爱上了自己的实验品。

《麻雀变凤凰》讲的是：一位站街女郎遇到一位金主，这位金主被她力求上进，虽然站街但依旧不放弃上大学的梦想，以及坚持使用牙线的美好品质所打动，将她变成了自己的正式女友。

但是，文学作品虽基于生活，还是会高于生活。有些文学作品是写实性的，比如《平凡的世界》，可以用做参考；而有些文学作品则是造梦来安慰人的，要会鉴别。像这两部电影，在我看来，属于现实生活中发生概率极低的事件。在现实生活中发生概率极低的事件，你却拿来当做过日子的生活指导，会有什么结局？

这些故事看起来挺感人，然而进一步想想，换了你是这些男人，你会这样做吗？放着同阶层的、匹配的女性不选择，非要去选择一个和自己有着天差地别的异性去培养、去改造，然后一起生活？现实生活中的男性，有多少人会刻意去这样做？

想要王子，或者想要教授，这些希望本身没有问题，问题只在于，将这个愿望实现的可能寄托在谁的身上？你自己愿意为这个愿望付出多少努力？

范冰冰说："我不用嫁豪门，我就是豪门！"

艾玛·沃特森（《哈利·波特》里"赫敏"的扮演者）："我不需要王子（提升我的地位），我自己就是公主。"

听了这些话你有没什么想说的？

假使你又想要王子，又什么都不准备做，那我想问一问，是什么原因让你甘愿接受这种任人选择、无力掌控自己生活的状态的？是什么原因，让你将改变自己命运的期望，放在别人身上？是什么原因，让你希望由别人来向自己提供一切自己想要的东西？

自己一无所有，却希望从别人那里得到一切，这和一个伸着手向别人讨要衣食的乞丐有什么差别？无论这个乞丐表面上做出的样子多么满不在乎、多么高贵冷艳，也无法更改、遮掩其向人乞讨的本质。

二

如果说"灰姑娘"情结是种不切合实际的想法，那么还有另外一种想法，也很不切合实际。只是，这种想法的不切合实际性比较隐晦，有时候不容易被辨别出来。

这类不切合实际的想法大致可概括为："我拿出一些东西来给你，你就会给我一些我想要的东西。"因为这种想法的结果一般都好不到哪儿去，就像买彩票撞大运一样，所以我把这类想法统称为"投机心理"。

投机心理大概可以分为以下几类。

（一）年轻美貌换一生安逸

很多女人似乎天然有一种想法，那就是"我的青春美貌无敌"。"年轻的时候你享用了我的青春美貌，到年纪大的时候，你理应还给我一世无忧"。

网上曾有一个关于这种想法的段子流传甚广，据说有一位年轻貌美的美国女郎，在报纸上发布征婚启事，在启事中，她描述了自己的美貌，然后提出对婚姻的希望。她希望对方能是个年收入达到若干万美元的银行业人士，然后她认为，用她的年轻美貌配合着对方的物质收入，将是一桩美满的婚姻。

有一位淘气的银行家这样公开回答了她的征召，他说："我挣钱的能力会随着我的经验日益上升，而你的年轻美貌却将随着岁月的流逝而不断贬值，按照这样的计算方法，如果我不那么愚蠢的话，符合利益的做法应该是和你达成租赁合同，而不是一生的契约。可婚姻是一生的契约，所以你发起的这个交易，对一名银行家来说是不划算的，至少对我来说，我不会愿意答应。所以，最合适于我的选择是和你达成租约，我用金钱租用你的年轻美貌，在你的年轻美貌贬值之后，我停止对你的租用。"

这位银行家的回答听起来可能会让姑娘们失望，然而，他也点出了事实。

你想出卖你的青春和美貌，但青春和美貌是在时刻变化的，随着你年龄的增长，它在消失。当你可以拿来交换的东西已经不在了时，你凭什么要求别人继续单方付费？况且，就是在你很年轻的时候，"青春和美貌"也不是你独家垄断的东西。这世上，还有成千上万个和你一样青春美貌的姑娘。如果这些姑娘的需求都和你一样的话，你想想，这位理想男士怎样才能恰恰选到你？恰恰只选你？你对他的不可替代性到底在哪里？

"我可以照顾他啊。"有的姑娘可能会这样说，"我愿意为他洗衣做饭、管理家务、生儿育女、操持中馈……"

省省心吧，姑娘，现在是什么时代了？只要他愿意，随时可以请到受过专门训练的家政人员来为他做这些事。而且这些专业人员会比你做得好得多，他只需要付出有限的金钱数额就行了。

不但如此，他还可以理直气壮地对这些服务人员提出各种要求。而只要他付得起，就会有人愿意接受他的要求，还会态度良好地满足他的要求。不会有人嫌他要求多而给他脸色看，更不会以此为理由要求他的感激。他不需要你为他做家务，更不必终生受一个家政服务人员的束缚。

至于生儿育女，他当然要选自己看得起的女人来做自己后代的母亲，而不会选一个赤裸裸地想用青春或美貌换取金钱保障的女人来做配偶。

换了你是那个又有钱又温柔又忠贞的一方的话，你也可以想一想，你选择终身伴侣的标准是什么？你会嫁给一个没能力、没头脑只有一张漂亮脸蛋兼漂亮身材的男人吗？

如果你不会，那么，一个又有钱又温柔又忠贞的男人又凭什么娶一个除了青春美貌一无所有的傻姑娘？

（二）吃苦耐劳培养潜力股

除了想用年轻美貌换一生安逸的想法外，另一些姑娘的想法和做法也容易为自己招致不幸，那就是："衡量自己所具备的条件，然后在众多待选择对象中选择一个目前看起来不显山露水，但有'潜力'，将来可能会'发达'的人，然后把所有的心血和精力都花费在这个待培养对象上。"她们一般把这样的做法叫做选择和培养"潜力股"。

然而，实际上培养"潜力股"这件事的风险，和购买"垃圾股"的风险没什么区别。

我认识一对夫妻，当初相亲的时候，男的就说自己要考硕士，给女方留下了这小伙子"真是上进呀"的美好印象，所以非常乐意地和对方结了婚，然后全心全意地支持对方考硕士，甚至不用对方上班。

现在他们结婚已经5年了，孩子也已经3岁了，可那男人的硕士还没考上呢！不但如此，他至今还在拿着考硕士做借口，不上班，"专心"在家全力学习，而那个女人也依旧在负责养家，等待着她丈夫的梦想实现。

有段时间电视上频频播出一些有关诈骗的法制节目，也有类似这样的内容：

某女，在网上伪装男性，结交多名女性，说自己是部队某高官子弟，现在有秘密任务在身所以不能公开身份……后边的套路就不赘述了，然后用各种借口从女方那边拿钱，而且屡屡都可以成功。当她落网的时候，已经和受骗者中的一个结婚了，被捕时两人正在酒店同居。而当受骗者知道自己的丈夫居然是个女人的时候，瞠目结舌。让人咋舌的是该女诈骗犯一点儿不帅，又矮又胖。

某男，将自己装扮成公司老板在网上征婚，成功接触到被列出的条件吸引的若干女性。该"大老板"在对这些女性进行筛选后，针对几个比较富有的、爱做梦的女性下手，殷勤对待，温柔款款，携带她们频繁出入于五星级酒店及其他高档场所，挥金如土。如此几个回合之后，当女方对其身份深信不疑时，该骗子就开始施展手段，对女方说自己遇到了"资金紧张""周转不灵"等困难，需要女方借出一个小小的数额，当然，这小小的数额是相对于他那庞大的几千万乃至上亿资产而言的，也不过就几万或几十万而已，待难关渡过，事后必奉上丰厚利息。女方心动，借款，然后，对方消失。

在这样的故事里，那些骗人的，固然可憎；可那些被骗的人呢？她们是怎么陷进去的？当她们拿钱出去的时候，抱着的是什么样的心态？不还是抱着一种投资在别人身上，指望别人为自己带来回报的心情吗？

这个世界上把希望寄托在"潜力股"身上的"投机者"为数不少，然而，既然是投机，栽跟头的可能性也是分分钟的事。这跟头不是栽在哪个男人身上，而是栽在自己的"投机"心理上。

是对方辜负了你吗？当你拿对待"潜力股"的眼光来对待眼前这个男人的时候，你确信你爱的是他，而不是你所期望的投资收益吗？既然你不是把他当爱人看,而是当投资工具对待,那你又凭什么要他回报给你"爱"呢?投资股票时,证券市场会告诉你一句话,那就是"股市有风险,入市需谨慎",投资"人"的时候,也是一样的。

"爱一个人,应如他所是,而非我所期",当你把一个男人当做"潜力股"来看的时候,你眼睛里绝对看到的不是当下的他,也就是说,你爱的并非是现实中的他,而是你期望中的他。那么,最后的结果很可能是让你自己失望。

(三)丑小鸭情结

除了爱做梦的"灰姑娘"和想进行交换的"投机者"之外,还有一种心理,也会给我们带来婚恋的不幸,我把它叫做"丑小鸭情结"。有"丑小鸭情结"的姑娘,通常也不能客观认识自己,但她们的问题出在过分贬低自己上。

故事一:王潇潇和陈婷婷是大学同班同学,她俩容貌外形相当,学习成绩相当,家庭情况也相仿,都是二线城市普通家庭的孩子。结婚的时候,王潇潇嫁了一位出身农村的男士,新房是租的,婚礼在丈夫老家的村子里举行。婚礼上,丈夫家的亲戚热情豪放、推杯换盏、戏弄新娘、气氛热烈,而陈婷婷则嫁了一位出身中产阶级的男士,男方家里已经把婚房买好,婚礼庄严典雅,在五星级酒店举行。

婚礼后,王潇潇看到陈婷婷的婚礼照片时,心里充满了羡慕,可是放在她自己身上,她却会觉得,那就不是属于她的生活。她认为,有些生活是自己不配得到的,虽然她也说不出自己和陈婷婷有什么差别。

故事二:容貌秀丽的崔小沫,毕业于正规医科院校,在一家三甲医院做妇科医生,她的丈夫却是个无业人员,一切花销全从她这里支取,不但如此，丈夫还酗酒、赌博，时常会对她大打出手。其实在婚前，崔小沫已经发现了丈夫有这样的问题，也想过要分手，但每一次丈夫一跪一哭一求，崔小沫就又会心软，她觉得这世界上没有人能再像丈夫这样离不开她，她愿意等待他的改变。

故事三：来自《今日说法》的一个案例。一名在读的女大学生，因为受到欺骗，被一个伪装成家教雇主的中年男子强奸了，被强奸后，这个中年男子对她说了一些喜欢她的话，给她买了两件衣服，然后这个大学生虽然痛苦，但是也就没再去报案，而是和这个中年男子过起了同居生活，甚至还准备毕业后嫁给对方。要知道，对方只是一名初中都没有毕业，腿还有些残疾，没有正式工作，比她大了近20岁的男人啊！然而这还不是结束，结局是这名男子再次故技重施，又去骗奸其他女学生。只是这次他没成功，经受害人报警后他被逮捕了。也正是因为他的被捕，这个故事才被曝光出来。

在这几个故事里，这种"认为自己什么都没有，什么都不是，只要有一个人肯给自己一点点儿好意和温暖，就恨不得把整个自己全部献给对方"的心理状态，就是一种"丑小鸭"的心态。无论是"灰姑娘""投机者"还是"丑小鸭"，在选择婚恋对象的时候，都有个关键的心理，那就是：她们不认为自己可以掌控自己的生活。

她们不认为，可以通过自己的努力，凭自己得到自己需要的东西——无论是物质的满足，还是情感上的抚慰。她们都是将满足这些需求的愿望放在未来伴侣身上，把改变自己生活的权利，交到了别人手里。当我们把创造自己生活的权利交到别人手中的时候，我们自然无法保证自己的幸福。

三

有个姑娘这样问我,"那如果我自己什么都有了,我什么都可以靠自己创造了,我还要男人做什么?"对于这个问题,我是这样想的,看看能否作为参考。

我常常把人生比作旅途,而"伴侣",就是那个陪伴着我们,完成这旅途的旅伴。如果你觉得你没有旅伴,也足够开心完成这段旅途,你可以不寻找伴侣。如果你还是希望有个人能和你同享观看桂殿兰宫、落霞孤鹜、秋水长天这些气象万千的美景,希望能有个人和你谈天说地打发旅途上的孤寂时光,那么看来你还是需要一个伴侣。

那么,我们对旅途上的伴侣一般是怎样期望的呢?我们会期望他们完成旅途中所有的事,逢山开路,遇水搭桥,自己只是跟在他身后,什么都不做吗?我们会要求他们背着所有的行李,甚至背着我们前行吗?

即使对方愿意这样做,明智的姑娘也会加以拒绝,因为有时候这样的精心养护不是爱,而是害。因为这样的照顾剥夺了我们自己的能力,一旦这样的旅伴中途出了什么事情,已经失去了独自前行能力的我们有可能会饿死在半路上。

或者,如果你真的甘心充当行李被背在对方身上前行的话,对方也就拥有了随时丢弃我们这件行李的权利。人和行李之间没有平等的关系。

我们的人生需要一个伙伴,是要一个和我们平等的人,和我们一起创造、一起分享、一起经历这人生的风雨与彩虹。

回到这一章最开始的那封信上吧。这位家住在三线小城市的女孩,25岁,出身普通家庭,长相还可以,性格也算开朗的女公务员,面对以下几个对象要做选择题:第一个人性格踏实、工作稳定、收入和女孩相仿,家里已经买好了房子,但是长相一般,说话平淡;第二个人是合同制聘用人员,正准备考公务员,长得帅,说话很有意思,但是家里很穷,还没有父亲;第三个人从部队转业回来,家境富裕,人也长得帅,对女孩温柔也很关心,但学历只有初中,有时候会觉得没话说。女孩询问,到底该选谁?

对这个问题,我的回答是:当一个人心智足够成熟后,不再把自己当物品托管给别人,还对负责管理者不再抱有种种不切实际的期望的时候,一定能按照自己的意志和愿望作出选择,无论她选谁,都会得到幸福。

四

上面的话都是拿女性做例子来说的,男性是不是就没问题了?

对于男性来说,也有需要调整的心态。

一般来说,开始了一段关系后,如果你具备以下这几种心态,那么你将关系维一生的愿望就很可能会落空。

(一) "寄生虫" 的心态

很多年轻人一旦恋爱后,就对对方诸般要求,不但要求对方照顾自己的身体,还要对方照顾自己的心灵,甚至要求对方成为自己原生家庭的孝子贤媳。一旦对方稍有做不到的地方,就牢骚满腹或者诸般抱怨。

这种希望对方为自己打理一切的人,就像是个"寄生虫",对另一方过度依赖。这种依赖不是成人之间的平等关系。

对有这种心态的年轻人需要提醒的是:"对方和你一样,也是人;而且是和你一样的人。和谐的婚恋关系是要两个平等的人一起经营的,当你要把自己'寄生'在他人身上的时候,这种平等关系就已经被破坏了,关系不可能往好的方面发展。"

想想寄生虫和寄主的发展结局吧，常常是寄主不堪重负，生理机能逐渐被破坏。在这种寄生的关系中，当寄主不再愿意被寄生的时候，关系自然不可能再继续下去。

而比较容易走向良性循环的关系是：双方都有足够的能力照顾自己的人生；彼此在一起，可以互相支持、互相滋养、互相激励、共同成长，能共同取得独自一人不能获得的成功和快乐。

（二）"独自承担"的心态

有问题、有矛盾不肯面对，为了避免发生正面冲突，就把很多负面情绪和对伴侣的不满压在心里，或者不信任对方是个能和自己共同分担生活压力的人，把对方隔绝在自己的真实生活状况之外，这样所谓"独自承担"的心态，也会对关系的发展造成不良影响。

有这样一个小故事，讲的就是这种"独自承担"的心态：某位曾经非常成功的商人，在金融危机发生的时候，经过诸般挣扎仍然无法遏制地破产了。当他得知这个消息的时候，他感到万分绝望，冲动之下从五楼跳了下去，值得庆幸的是，在他下坠的过程中被各个楼层的遮阳篷各种阻挡，最后还幸运地摔在了一楼的一张大大的帆布篷上，除了扭伤了左手的小拇指外，毫无其他损伤。经过这样一场惊心动魄的历险后，他已经打消了寻死的念头，他走回家中，把刚才所经历的一切都告诉了妻子。他的妻子得知一切后，先是十分惊慌，然后十分疑惑。她询问丈夫，是什么原因让他不愿早一些告诉自己他所经历的这一切。

她说："我是你的妻子，是和你生活在一起的平等的人，理应和你分享你生活中的一切，不管是喜悦还是悲伤，不管是收获还是困苦。你这样做，是因为你无法信任我具有和你共同面对、处理这些事情的能力吗？"

你是怎样看待你的伴侣的呢？是在内心把他/她当做一个平等的、共同经营这份关系的人，还是认为他/她是个无力和你一起承担生活责任的人？你给不给他/她和你共同面对和处理生活中问题的机会？你有没有勇气在他/她面前表达情绪，以寻求他/她的宽慰和支持？在这里需要着重说明一下，表达情绪和发泄情绪本身就是两个不同的概念。

表达情绪是指，你首先能识别出自己此时情绪的种类与程度，比如是喜、是悲、是愤怒、是恐惧还是伤感，然后你能和人讨论自己的情绪状况。表达情绪可以帮助人们了解自己在什么情况下会有怎样的情绪波动，即使不能找到从根本上引起自己这些情绪的心理原因，至少也能做到避免让自己再进入情绪产生巨大波动的情景。这既是对自己的保护，也是对他人的保护。

而发泄情绪则是没头没脑地胡吵乱闹，伤害自己和伤害别人，发泄一通后，引起情绪波动的原因和情境依旧没有得到处理，除了体验到内疚和空虚，对自己和对他人都没什么建设性的作用。

很多人都会误解表达情绪和发泄情绪的概念，更错误地以为隐忍情绪是对关系最好的维护。实际上，如果你隐忍的是在外界环境中产生的不快，当你的伴侣觉察到这种隐忍时，他/她最常感到的，不是你对他/她的照顾，反而会是不安，甚至有些人还会感到愤怒，因为他们无法理解，是什么原因让你这样坚持把他/她隔离在你的情感世界之外，不愿意和他/她分享你的负担。

负面情绪如果不得到正确的表达和处理，迟早有一天会引起"火山爆发"，到了那个时候，关系依旧会受到破坏甚至走向破裂，而你们双方也可能会因此付出惨重的代价。

我最后要提醒一句：假使无论如何，你都觉得你没办法向对方敞开你的心胸，那么我建议你重新审视你目前所处的这份关系。到底是你面前的这个人不值得你的信任，还是你实际上无法信任任何人？

如果是这个人不值得你信任，那么是什么原因让你必须要选择他/她做你的终身伴侣？你是用什么样的态度来对待你的婚恋的？不管是你身边的人不值得你信任，还是你无法信任任何人，我想如果能找到一位心理咨询师帮助你解决这个问题，会帮助你的婚恋关系早日走上良性的轨道。

（三）"交换"心态

在一些婚恋关系中，婚恋的双方似乎像做生意的人一样，平时的心态是"你对我好，我才对你好"；闹了矛盾后，希望的是"你先低头，我才低头"；受了委屈后，想的是"我都为你做了什么什么了，你却没有为我做什么什么"。

如果交往的双方都愿意进行这样的交换，同意以这样的状态相处，那么我建议，不如一开始双方就把各种规则和交换条件明确列出，并且一起遵照执行，一旦某一方违背了规则，要及时提醒他/她改正，或根据事先商定好的条件给予惩罚或要求补偿。只有这样，才能维持双方心态的平衡，保证关系有可能继续维持。但如果你觉得这样的交往方式太冷淡，在这样的关系中感受不到爱的话，那么不如先从你自己开始，放弃这样的思维方式吧。

在人们进入一份关系、并且想维持一份关系的时候，人们首先要改变的就是"你"和"我"是对立的、要进行交换的心态；要改变成"我们站在一起，我们为同一个目标努力"这种心态。

想想你和你的朋友或同事要为实现某个共同的目标努力时的那种心

态，如果你们都是各自为政的话，你们的团队是不可能有效率地运转，并让每一个人都愉悦地进行工作，最后取得既定成果的。婚恋关系，也是如此。

第十八章

理想的婚姻

在和杨平正式分手近两年的时候，琳琳给我带来了她的结婚喜糖，宣告她新生活的开始。

她这次问我的问题是："请您给我谈谈理想的婚姻吧，我现在感觉很幸福，但我更想知道如何能将这幸福维持一生？"

在我看来，理想的婚姻需要以爱情为基础，所以我们先从理想的爱情谈起吧。

一

什么是理想的爱情？

我想，要回答这个问题，恐怕应该从我们的感受上去想，而不是从它的组成成分上去想。我们想从爱情中感受到什么，你们想过吗？

我们每个人活在这世上，想得到些什么？是金钱？是名望？是他人的认可和赞扬？还是隐于深山或闹市的自得其乐？

我认为，无论是什么形式，我们想得到的，本质上或可归结为两点：一点是"归属感"；另一点是"价值感"。"归属感"是我们属于某一个群体的确定感，它意味着人与人的联结，也意味着"安全"；而"价值感"是我们存在的体现，存在是所有生物的本能追求。

一个能同时满足我们归属感和价值感的人会让我们有怎样的感受？美国资深心理治疗师大卫·里秋（David Richo）是这样总结的："当我们感受到关注（attention）、接纳（acceptance）、欣赏（appreciation）、情意（affection）、被允许（allowed）自由追求最深的需求和愿望时，我们觉得自己是被爱的。"

说得更清楚一点儿，那就是：当我们感受到自己被对方关注，自己的一切都被对方全心全意真诚地接纳，在对方眼里我们就是世界上最出色的那个人，对方对我们情意绵绵，坚定地支持我们去追求自己感到重要的东西的时候，我们就会认为，对方很爱自己。因为和这样的人在一起时，我们的安全感和价值感都会得到满足。

很多时候，连我们自己都会怀疑自己、忽视自己、贬低自己，可是这个爱我们的人，不会这样做，他们永远关注、永远欣赏、永远支持我们。我们受伤时，他／她给我们安慰和鼓励；我们进取时，他／她给我们欢呼和加油；我们想休息时，他／她便在一旁静静陪伴；在他／她那里，我们感受到的是肯定、是温暖、是自由。在这个爱自己的人身边，最懦弱的男人都会觉得自己是世上唯一的勇士，拥有打倒狮子的力量；最卑微的女子都会觉得自己是世上最尊贵的女性，拥有万众敬仰的光辉。

这就是那句话的含义："我们爱的，其实不是对方，而是那个和对方在一起的我们的样子！"

鉴于我一直强调的，爱情是一种相互的关系，是两个人之间的互相给予，而不是一方向另一方的持续索取，所以我认为，假如关系的双方都能在这段关系中体会到里秋提出的这五个"A"时，就可以把这样的关系定义为"理想的爱情"。

二

怎样才能得到理想的爱情？

我认为，想得到理想的爱情，关键在于做到一条，那就是："看到自己，看到对方。"

这个看到，不是说肉眼看到，而是说一种体察，一种用心灵的发现。

在《福尔摩斯探案集》的《波西米亚丑闻》这个故事里，对肉眼的"看到"和用心的"体察"有过很生动的叙述，让我们一起来看一看。福尔摩斯在和华生见面后，并没有进行交谈，就指出了华生婚后感情融洽，而且重新开业行医，并且常常冒雨去出诊，以及雇用了一位笨手笨脚和粗心大意的女佣人的事实。华生不明白福尔摩斯是怎样推断出这一切的，简直就像一位巫师，于是好奇地询问福尔摩斯得出这些推断的缘由。

在福尔摩斯讲解了自己的推理过程后，华生笑起来，说："听你讲这些推理时，事情仿佛总是显得那么简单，几乎简单到了可笑的程度，甚至我自己也能推理，在你解释推理过程之前，我对你推理的下一步的每一种情况总是感到迷惑不解，但我还是觉得我的眼力不比你的差。"

福尔摩斯回答他："的确如此……你是在看而不是在观察，这二者之间的区别是很清楚的。比如说，你常看到从下面大厅到这间屋子的梯子吧？"

华生："经常看到的。"

福尔摩斯："多少次了？"

华生："嗯，不下于几百次吧。"

福尔摩斯："那么，有多少梯级？"

华生："多少梯级？我不知道。"

福尔摩斯:"那就对啦!因为你没有观察,而只是看嘛。这恰恰是我指出的要害所在。你瞧,我知道共有 17 个梯级,因为我不但看而且观察了。"

理想爱情中的"看到",也大抵如此。你要看到的,不仅是对方外在的年龄、外表、学历、身高、挣钱本领等就像"那儿有台阶"这样一目了然的事情;你还需要用心去观察,就像观察"台阶的具体级数"那样,观察你自己和对方,作为"人"的有血有肉、有思想有感情的那些方面。

你的看,就好比一个慈爱的母亲,去"看"一名褴褓中不会言语的婴儿。这名母亲对这名婴儿的"看",是要通过它细微的表情变化,看它是舒适还是不舒适、有什么需求、能不能茁壮成长。母亲对婴儿的看,绝不是将注意力集中在这个婴儿长得是美还是丑、长大了能不能挣到钱、会不会给她带来荣耀这些方面。

婴儿哭了,母亲不是呵斥它、责骂它、抱怨它,而是去了解它是渴了、是饿了还是尿湿了?找到原因后,母亲会立刻行动,改善婴儿不舒服的环境;即使找不到原因,大多时候,只要允许的话,这位母亲八成也会温柔地抱起婴儿来哄。

是的,不是所有的妈妈都是慈爱的母亲,所以,也不是所有的人都懂得爱、都会爱。但是,假如你懂,假如你会,那么我相信,你爱的那个人绝对不会不爱你!这样去爱一个人,对方回馈给你的,或许不是你期望的那种形式的爱,但是在对方的心里,你的形象永远光辉明亮,这才是一份"善缘"。

那么,怎样才能学会"看到"呢?

（一）先从看到自己开始，再学习看到别人

你在看到对方之前，得先看到自己；你得知道你是谁，你有什么样的需求，你怎样靠自己的能力满足这些需求；然后你才能把这种能力迁移到他人身上。假如你连自己都不了解，你怎么知道什么样的人是适合自己的？假如你连如何去了解自己都不懂得，又怎么懂得如何了解别人？假如你根本没有看到和满足自己需求的能力，你又怎么能看到如何去满足别人的需求？

所以，理想爱情到来的前提就是：你得先认识自、了解自己，懂得怎么爱自己。否则，你所说的"爱"就是一纸空谈。

关系中的双方，在各自首先满足了自己对"安全感"和"价值感"的需求后，才能够互相给予。而我们即使是在自我满足后，在被给予时也是很快乐的。

（二）避免"物化"自己和对方

什么叫把自己和对方"物化"？就是不把自己和别人当成"人"，而是当做"物品"。"人"是有血有肉，有思想感情的；而"物品"，是没有思想感情，只是拿来满足使用者的需要的。

把人当成物品主要表现在以下两方面：

- 忽视这个人的感受，认为这个人的首要责任就是满足他人，理应帮助他人实现目标。
- 不认为这个人有能力、有责任去担负起他/她自己生活的责任，把他/她像个物品一样安排。

放在我们自己身上，物化自己的表现大致是：认为我们自己理应放弃

自己的感受，无欲无求地帮他人实现欲望；放弃自己改善自己生存环境的责任，把这样的希望寄托在别人身上。放在别人身上，物化别人的表现大致是：根本不考虑对方的感受，只考虑自己的需要，将别人当做实现自己目的的工具；不认为别人有能力去负起他/她自己生活的责任的能力。

比如，在选择恋人的时候，考虑的不是对方是个怎样的人，而是看对方有没有挣钱的能力，以便满足自己对物质的需求，这样，不就等同于把对方当成自动取款机来用吗？这是不是将他人的物化？

或者，在选择恋人的时候，倾慕对方的权势，觉得和有地位的对方在一起，自己也变得与有荣焉，这种利用对方来满足自己虚荣心的行为，是不是将他人的物化？

还有，在选择恋人的时候，只贪图对方的美貌，以便和对方一起出游时，收取他人对自己的羡慕和恭维，这又是不是把对方当做给自己带来虚荣的工具，把对方的"物化"呢？

甚至，如有些姑娘所说的"我只图他对我好"，也非常可能是将自己和对方"物化"的一种表现；因为这是把照顾自己的责任完全放在了别人身上，不肯自己负起"对自己好"的责任，不去发展自己"对自己好"的能力。

理想的爱情是互相平等、尊重并互相滋养的感情，将关系中的另一半只当做满足自己欲望的东西，这份感情也就会慢慢失去养分，干枯至死。

（三）分清我们想要的和我们需要的

在关系中，人们常常会把"控制"和"占有"误会成爱的体现。在"控制"和"占有"的心态下，我们可能会有这样的想法："你心里只能想我，你只能做我想让你做的事，说我想让你说的话，你在这世界上最大的价值就是服从我、让我开心、让我满意、为我创造我想要的生活……"

如果我们是这样去"爱"一个人，或者要求一个人这样"爱"我们的话，他/她又为什么要爱我们呢？这样的"爱"的关系能有多稳定？

而我们始终要求的这一切，又是不是我们真正想要的？如果我们想要的是感情的持久和丰盛，筛选对象时却考虑的是对方能给自己带来多少物质的保障，那最后我们怎么能不失望？这就像你想要一个苹果，可是你一直按西瓜的标准去找它，也动员身边的人按西瓜的标准去帮你找它，你说最后你得到的会是苹果还是西瓜？

那怎样的关系才会稳定呢？什么样的爱才是真正的爱？

真正的爱，并不是指言听计从、宠溺有加、包容我们一切的刁蛮任性；对我们真正的爱，是看到我们真实内在，并帮助我们实现自己的最大价值。

对方明白，我们有美好善良的一面，也有阴暗龌龊的一面；有积极阳光的一面，也有消极沉郁的一面；有坚强勇敢，也有脆弱创伤……我们两个人在一起，虽然也会有争吵矛盾，但是，同时伴随的也有觉醒和体谅。

我们会在发现对方内心那个受伤的小孩子出来的时候，给它拥抱、给它护持、给它关爱，让它放心，让它了解并相信，情况已经发生了变化；而在我们内在那个受伤的小孩子出来的时候，对方也可以给我们同样的东西。我们因此感到"安全"，因此会渐渐放松，用一种轻松的姿态自然相处。

而在我们有所需要的时候，比如渴望金钱时，对方不必或不是以给我们金钱来满足我们的愿望（这其实才是最简便的打发人的法子呢），而是和我们一起研究得到金钱的途径，发掘我们自身存在的实现自己愿望的资源和途径，通过这样的陪伴和讨论，我们自己尝试着去满足自己的愿望。

在愿望实现的过程中，我们发现了自身的力量；在愿望实现的那一瞬间，我们对自己能力的自信得到增强。

这样的"爱"才是我们需要的，而这样的"爱"也才是能长久的。在这样的关系里，"信任"和"忠诚"不再需要刻意去要求，它们会自然而然地生长在我们彼此的内心。

三

怎样才能使爱情持续一生？

人类确实是喜新厌旧的生物，先别说别人，就看看我们自己，是不是这样？

一件新衣服、一个新玩具，刚得到的时候，是多么喜悦、多么珍惜！穿上几次、玩过几回，那种郑重的、珍惜的心情就消失了；穿上很久、玩过很久后，除非有哪些特殊原因让它们成了寄托你情感的纪念品，否则你会很慷慨地把它们分享或赠送给别人。

一般的亲密关系也是如此。

刚认识的时候，多么心动、多么激动，随着认识的不断加深、时间的持续累积，心情慢慢地趋于平淡，当初那种"只要能和他/她在一起，上刀山下火海我都愿意"的心情逐渐烟消云散，不但能看出他/她的缺点，甚至有时候还会对他或她感到厌烦，有一种"也不过如此"的感觉。

没错啊，这就是人性。那该怎么办呢？理想的爱情能不能避免这些？

答案是：能。

理想的爱情是两个心智成熟的成年人的事，是基于平等基础上产生的关系。

在关系中，我们首先寻找的不是对方，而是我们自己，我们需要审视的也不是对方,而是先看看我们自己,试着问问自己:"我对我自己满意了吗?""我身上有我希望对方具备的那些特点了吗?""我认可我自己吗?""我爱不爱我自己?"有了这样的觉悟,才适合走上谈情说爱的历程。

而这,也是我们在这本书的每一章里都反复强调的内容,那就是"做自己,爱自己,是得到爱的第一步"。

做最好的自己!当你自己都觉得自己不够好、自己都不喜欢自己的时候,却希望别人能爱上这样的你,你觉得可能性有多大?

做自立自强、自给自足的自己!当你希望别人满足你的需求时,你就是个乞丐,也会担着随时失望的风险。只有自给自足后,你才能从容自在。

做不断进步的自己!生活是在不断变化的,技术革命不断改变着人们的思想和生活方式。3岁的我们和1岁的我们是不同的,30岁的我们和10岁的我们也不同,所以,敞开你的心扉,随着时代的变化不断调整自己,跟随时代的潮流前进;做到了这样的自己之后,你自己就永远是新鲜的。

而当你的伴侣也是这样做的话,你俩就永远像两个新鲜的人在一起。流水不腐,户枢不蠹,因为存在变化和发展,所以我们和恋人之间的关系也时刻是新鲜的,激情也因此有永远保持的可能。

四

始终保持你追求幸福的勇气。

追求幸福,需要勇气。无论是爱情还是婚姻,本质上一件很私人的事,在婚床上,只应该睡着两个人;然而,在我国这样的大环境下,有时候坚持自我是需要无边的勇气的。有时候,双方父母、三姑六婆、七邻八舍,都想"挤"上你的婚床,你有没勇气把他们"推"下去?你具体又会怎么做？

网上有一段时间盛行这样一段话："买过几张盗版碟就敢说热爱电影，可其实你连《少年派》都看得睡了过去；去了一趟周庄就号称喜欢旅行，可其实你大部分假期宁愿宅在家里；半夜在街头吃过两次麻辣烫就标榜自己是吃货，可其实你挑食得要命。世界上哪里有这么轻而易举的热爱啊。热爱从来就不是一件随便说说轻率决定的事。"

幸福，也是一样的。

如果，你嘴里说着很想要幸福，实际上却准备把自己赖在别人身上，让别人为你创造你想要的一切，那只能说明你其实并不那么想要"幸福"。

如果，你以为你想要美好的爱情，实际上却前怕狼、后怕虎，既怕父母的唠叨，又怕朋友的嘲笑，还怕在一段关系里的付出，那么爱情不会光顾你。

如果，你想要一段美好稳定的关系，却又不肯舍弃眼下明知无望的关系，不愿再流汗水、再冒着受伤的危险进行新的追求，那么你的感情状况不会得到改善。

如果，你以为你爱一个人，可你俩之间又充满矛盾，你不想做任何改变，却希望他为了你主动改变，来适应你的要求，那么只能说明，你热爱的不是他，更不是爱情。

说到"勇气"，还让我想起小时候看过的一个故事——《抬驴》，讲的是一个老汉和孙子牵着一头驴去赶集。一开始，小孙子骑在驴上，老汉跟在驴后面赶路，被一个读书人看见，气愤地批评小孩子不懂长幼尊卑，不懂得孝敬老人，老汉觉得书生说得有理，便和孙子调换了位置；结果孙子走半路不小心被绊倒大哭，一个信佛的老太太瞧见了，老太太就数落老汉，说他不懂得心疼小孩子，老汉又觉她的话有道理，于是从驴背上下

第十八章 | 理想的婚姻

来,和孙子牵着驴一起走;过了一会儿,又有人开始嘲笑他们,说有驴都不骑可真傻。老汉一想是呀,怎么放着驴不骑呢?又和孙子一起骑到驴背上;哪知一会儿又被挑柴的农夫看到,又责怪他俩都骑在驴背上不爱惜牲畜;不知如何是好的老汉左思右想,最后决定和小孙子抬驴上路。

当年幼小的我实在看不懂这个动画片,确实也不知道该怎样做,不知道这爷孙俩到底怎样才是对的?到了今天,我也问问你们:"你们觉得怎样是对的?他们该怎么做?"这爷孙俩到底是在走自己的路,还是在走别人的路?

你的爱情呢?是要让自己舒服,还是要让别人舒服?

如果你想要理想的爱情,那你需要牢记,真正"热爱"某样东西,是会不惜付出一切代价、一切努力去追求的!你不会计较付出多少,不会计较失败多少次,更不会在意围观者的反对、讥嘲。因为这世界上,只有你知道你是谁,你喜欢做什么,你愿意为什么付出全部。

"热爱"某样东西,是要审慎考虑、反复斟酌的,那不是一次说走就走的旅行,不是脑子一热一拍大腿的决定。你想要一样东西,就一定是要付出代价的。这代价可能是拼搏的汗水,可能是对事业的冒险,也可能是要背负他人的指指点点。

你的选择,当然未必是正确的,然而,不管是成功还是失败,只有通过自己的决定和随后的实践,你才能了解自己,明白自己是什么样的人,明白自己真正想要的是什么,明白自己能承受的重量有多大。

而当你这样一步步勇敢尝试,逐步具备了承担和决定自己的生活能力的时候,"自由"就将在不知不觉中来临。"海空凭鱼跃,天高任鸟飞"就是"解放"的过程,是人类奋斗的最高目标。我们要打破的,不仅仅是别人加在我们身上的"枷锁",更重要的还是那些束缚着我们心灵的"枷锁"。

"谁是奴隶？

被自己内心的各种惧怕和条条框框'束缚'着的我们自己。

谁是主人？

能够打破自己身上妨碍着我们健康发展的'束缚'着的我们自己！"

记得这句广告词吗？

曾经，"热爱"是这片土地上很多人的信仰，热爱祖国、热爱生活、热爱事业……然而，钢筋丛林的冷漠、生存压力的窘迫、物质世界的无情法则、经济巨人之下的渺小自我，让"热爱"存放的空间越来越小。

这是一个网络构建的时代，这个时代容易缺失信仰和率真。都市的高楼与节奏，切割着梦想的天空，但，我们飞翔的翅膀和年轻的心，依旧热爱天空中自由的小鸟和美丽的彩虹……

感谢生活，阳光依旧灿烂，折射在我们的青春里，时代的巨大惯性不能定格我们真实的个性，放弃还是坚持，现在还是永远？答案很简单，就在我们每个人的心底。

这是一段只属于我们自己的旅行，我们应该用尽所有的时光，去倾听内心的声音，去寻求世间美好，去热爱自己的"热爱"。

对我来说，"我的热爱"不是三分钟、三天或者三年的热度，而是要用一辈子去实践的人生态度！

"我的热爱"就是要让世界知道，我鲜活过、奋斗过、付出过，这才是我存在的意义！

如果你确定，你想要的是"理想的爱情"，那么，恐怕你就需要为此付出你所有的热爱！

我望着琳琳，对她说，以上这些，就是我对于理想婚姻的看法。

它需要以爱情为基础,这个爱情不是嘴上的卿卿我我,而是对彼此心灵的真正了解、关爱和呵护。

它需要敢于投入,敢于袒露,并经受考验,愿意改变。

它需要持续学习,持续成长,保持新鲜。

它是一份平等互动的关系,而不是哪一方独自的支撑,在这份关系中,"给"和"拿"同等重要。

这次谈话是我和琳琳在她结婚前的最后一次谈话,望着坐在我面前,放松、愉悦、对未来生活充满希望的年轻女子,与两年前来找我时相比,精神状态判若两人,我看到了勇气在她身上闪耀,我看到了她追求幸福的决心、行动和结局。

她渴望幸福,她便得到了幸福。

祝愿正在阅读这本书的你,也能如琳琳一般,得到期望的爱情和婚姻!